Marie-Luise Stangl

Die Welt der Chakren

Praktische Übungen zur Seins-Erfahrung

ETB
ECON Taschenbuch Verlag

Mit Zeichnungen von Barbara Stangl

Originalausgabe Juni 1984
Umschlagentwurf: Ludwig Kaiser
Satz: Dörlemann, Lemförde
Titelfoto: Krista Boll/Michael Fiala
Druck und Bindearbeiten: Ebner Ulm
Printed in Germany
ISBN 3-612-20022-4

INHALT

Bevor ich irgend einen anderen Gedanken zu diesem Buch und der Arbeit damit ausspreche, möchte ich sagen, daß es für mich kein »Zufall« ist, daß Sie dieses Buch in der Hand halten. Es ist Ihnen »zugefallen«, und das heißt nichts anderes, als daß es für Sie bestimmt ist.

Das zweite, was ich sagen möchte: Sie sollten das Buch lesen bzw. damit arbeiten so wie es geschrieben wurde – mit dem Herzen. Im Zen-Buddhismus gibt es seit Jahrhunderten die Regel, daß die Essenz der Lehre »von meinem Herzen zu deinem Herzen« (I shin den shin) weitergegeben wird. An dieses Wort mußte ich während meiner Ferienzeit im Juli/August 82 oft denken, als ich diese Übungen niederschrieb. Sie kommen aus meinem eigenen Fühlen und Erkennen und Arbeiten heraus, und ich kann sie nur »mit dem Herzen« weitergeben. Es gibt keine andere Sprache dafür als die des Herzens. Ich gebe sie in diesem Sinne also weiter in der tief inneren Gewißheit, daß sie Ihnen auf Ihrem WEG zu Ihrem eigenen Seelengrund, zu der Tiefe Ihres Selbst ein wenig helfen.

Wir sind alle auf demselben Weg –
wir atmen alle dieselbe Luft –
wir sind alle miteinander verbunden durch ein unsichtbares Band. Versuchen wir, diese tief inneren Erfahrungen, die wir machen dürfen, mit unserer äußeren alltäglichen Welt in Einklang zu bringen, sie einfließen zu lassen in unsere Beziehungen zu allem, was uns begegnet: Gehen wir den Weg der Liebe – sprechen wir die Sprache des Herzens. Ich wünsche es Ihnen und mir und allen so sehr.

Rothenberg, August 1982
Marie-Luise Stangl

EINFÜHRUNG

Das Wichtigste scheint mir zu sein, daß Sie ein großes Verlangen, eine große Sehnsucht in sich verspüren, auf Ihrem spirituellen WEG weiterzugehen. Was immer Sie schon an Vorübung mitbringen, wo immer Sie in Ihrer seelisch-geistigen Entwicklung im Moment stehen, das ist nicht die Frage. Was mehr zählt als alles andere ist diese große Sehnsucht nach Erkenntnis, nach tiefen inneren Erfahrungen, nach Reife, nach Umwandlung, nach Vollkommenheit. Wenn Sie diese Sehnsucht in sich tragen, so können wir ein Stück Weg miteinander gehen: Körper, Seele und Geist gleichermaßen wach und geöffnet für neue Erfahrungen.

Die Arbeit mit diesem Buch wird Ihnen helfen, zuerst vielleicht nur für eine halbe Stunde am Tag während der eigentlichen Übung, dann aber darüber hinaus immer länger und schließlich den ganzen Tag über:

- Mehr und mehr bewußt zu leben, all Ihr Denken und Fühlen ganz im HIER und JETZT zu zentrieren und den Alltag und alles, was Ihnen darin begegnet, als eine einzigartige Möglichkeit der Übung zu dem EINEN hin zu erkennen und zu erfahren.
- Mehr und mehr sich zu entspannen. Je mehr Sie lernen, Ihr »Gepäck« eine Weile zu lassen, Ihre »Bürde« ein wenig abzustellen, um so mehr lernen Sie, die Dinge so anzunehmen, wie sie im Augenblick sind, ganz gleich, ob sie angenehm oder unangenehm sind. Unter »Gepäck« und »Bürde« verstehe ich alles, was Ihnen auf Ihrem WEG zu sich SELBST im Wege ist:

  Verhaftung, Festhalten
  Sorgen, Ängste, Furcht
  Depressionen, Ärger, Groll, Neid, Haß
  Negative Gedanken und Gefühle jeder Art.

All dies schlägt sich in Ihrem Körper nieder in Verspannungen und Verkrampfungen, gestörten Organfunktionen und in Krankheit jeglicher Art. All dies läßt es nicht zu, daß Sie wirklich frei sind für das Leben im HIER und JETZT und für all die tiefen Erfahrungen im Innersten der Seele, die uns mit der Quelle allen Lebens in Berührung bringen und verbinden.

Je mehr Sie versuchen, sich zu LASSEN in diesem tiefen umfassenden Sinn, je mehr Sie alles Negative in sich umpolen in positive Gedanken und Gefühle wie

ZUVERSICHT
VERTRAUEN
FRIEDEN
LIEBE

um so mehr tauchen Sie hinein in einen völlig freien Fluß Ihrer eigenen Körperenergien und Ihrer unerschöpflichen Energien von Seele und Geist. Erst dann können Sie sich auch wirklich öffnen für den großen kosmischen Energiestrom, der ständig um uns ist, und der unaufhörlich, ohne Begrenzung und ohne Ende uns durchfluten und stärken möchte – wenn wir es nur zu-lassen

Wie ist mit meinem Buch praktisch zu arbeiten? Als Voraussetzungen möchte ich nennen:

– Daß Sie schon in der Arbeit an sich stehen durch welche Technik auch immer. Ideal würde ich finden, daß Sie zum Beispiel hier bei uns einen oder mehrere Kurse gemacht haben, um eine Grundlage für die Übungen zu haben. Ideal wäre auch, wenn Sie unsere einschlägigen Bücher »Lebenskraft« bzw. »Das Entspannungsprogramm«

und/oder »Jede Minute sinnvoll leben« durchgearbeitet hätten.

Sie sollten auch, wenn Sie mit dem Buch beginnen, nicht gerade in einer physischen oder psychischen Krise stecken.

Sollten Sie diese Voraussetzungen erfüllen, dann könnten Sie auf zwei Arten mit dem Buch arbeiten:

- Entweder Sie gehen es von der ersten Übung an durch und erarbeiten sich eine nach der anderen, jede so, bis sie zu der »Ihren« geworden ist, bis sie Ihnen also in Fleisch und Blut übergegangen ist. Sie werden feststellen, daß der Ablauf der Übung jedesmal, wenn Sie sie machen, etwas anders ist und dementsprechend auch die Wirkung.
- Oder Sie lesen das Buch erst mal »mit dem Herzen« durch und bleiben wie von selbst an einer Übung hängen, die es Ihnen besonders angetan hat. Die erarbeiten Sie sich dann, wie gerade geschildert.

Wie immer Sie vorgehen, versuchen Sie, die Übung in möglichster Tiefe zu erfassen. Wir haben ja immer die Möglichkeit, eine Übung in mehreren Schichten, in mehreren Ebenen zu erarbeiten. Versuchen Sie, auf jeder Ebene Ihres Seins alles, was Ihnen während des Übens begegnet, auszuweiten und zu vertiefen. Sie werden, irgendwann, wenn Sie es vielleicht am wenigsten erwarten, in eine Weite und Tiefe hineingelangen, wo Ihnen alles zum EINEN wird. Dann wissen Sie, was ich mit der Übung meinte. Was tief in Ihrem Innern ja schon längst angelegt ist, das bringen Sie durch dieses Üben in Ihr bewußtes Erkennen und Wissen und damit auch in Ihr ganzes Sein. Wenn Sie dies erfahren haben, brauchen Sie die Übung nicht mehr. Sie können sie dann hinter sich lassen wie eine ausgediente alte Form oder Hülle, aus der heraus Sie in eine neue Form, in eine neue Bewußtseinsebene eintreten. Denn wenn Sie zum Wesen des Seins vorgedrungen sind, brauchen Sie keine Form mehr.

Das letzte Kapitel des Buches ist kranken Menschen gewidmet. Meine eigene Auffassung zur Krankheit als solcher bringt Edward Bach, ein englischer Arzt, der im Zeichen humanistischer Medizin und holistischen (ganzheitlichen) Heilens wirkte und die Bach-»Blütentherapie« entwickelte, vor mehr als 50 Jahren am besten zum Ausdruck:

»Krankheit ist weder Grausamkeit noch Strafe,
sondern einzig und allein ein Korrektiv,
dessen sich unsere eigene Seele bedient,
- um uns auf unsere Fehler hinzuweisen
- um uns von größeren Irrtümern zurückzuhalten
- um uns daran zu hindern, mehr Schaden anzurichten
- und um uns auf den Weg der Wahrheit und des Lichts zurückzubringen, von dem wir nie hätten abkommen sollen.«

Wenn die Übungen den Kranken helfen, einige Schritte auf den Weg der Wahrheit und des Lichts zurückzutun, den Weg, von dem sie hätten nie abkommen sollen, so bedeutet das viel für ihre weitere Entwicklung zum Wesentlichen hin.

Manchmal ist es sicher sehr schwierig wenn nicht unmöglich, daß ein Kranker selbst mit dem Buch arbeitet. Vielleicht findet er dann jemand, einen Familienangehörigen oder einen guten Freund, der die Übung vorliest: langsam, Satz für Satz, nach jedem Satz eine entsprechende Pause, nach jedem Absatz eine noch längere Pause. Genauere Anleitung dazu findet sich auf Seite 77.

Sollte der Kranke sich eine Farbe, mit der in der Übung gearbeitet wird, nicht vorstellen können, so können Sie ein Stück Stoff oder Papier in der entsprechenden Farbe in seine Nähe bringen. Er braucht dann nur die Augen ein wenig zu öffnen, um die Farbe visuell richtig aufzunehmen. Meist gelingt die Vorstellung dann wesentlich leichter und besser.

Die Übungen dieses letzten Kapitels sind, wie gesagt, speziell für Kranke konzipiert. Das schließt nicht aus, daß auch viele der anderen Übungen in diesem Buch ebenfalls für Kranke geeignet sind.

Wenn Sie die Übungen in Ihren Gruppen weitergeben möchten, mögen Sie das getrost tun. Grundsätzlich ist gar nichts dagegen einzuwenden. Im Gegenteil. Doch sollten Sie als Gruppenleiter zuerst sich Ihrer selbst ganz und gar sicher sein. Es ist durchaus möglich, daß durch die Intensität der Übungen etwas in einem Gruppenmitglied »aufbricht«, mit dem Sie dann zurechtkommen müssen. Daß Sie selbst die betreffende Übung an sich erfahren haben sollten, möglichst mehrfach, brauche ich wohl nicht besonders zu sagen. Erarbeiten Sie sich vor allem auch das Kehlkopfchakra in der Übung auf Seite 56. Seine Öffnung und Entfaltung ist gerade für Lehrende von großer Bedeutung. Das Wichtigste: die Lauterkeit Ihrer Bemühungen.

Eine Bitte um Verständnis:
Die Übungen sind fast alle von mir sehr spontan erarbeitet und genauso spontan zu Papier gebracht. Ich gab also der Spontaneität gegenüber der sprachlichen Vollkommenheit den Vorzug. Da kann es vielleicht nach Ihrem persönlichen Geschmack die eine oder andere sprachliche Unebenheit geben.
Wenn Sie die Übungen wirklich mit dem Herzen angehen, werden Sie keinen Anstoß an Unebenheiten nehmen.

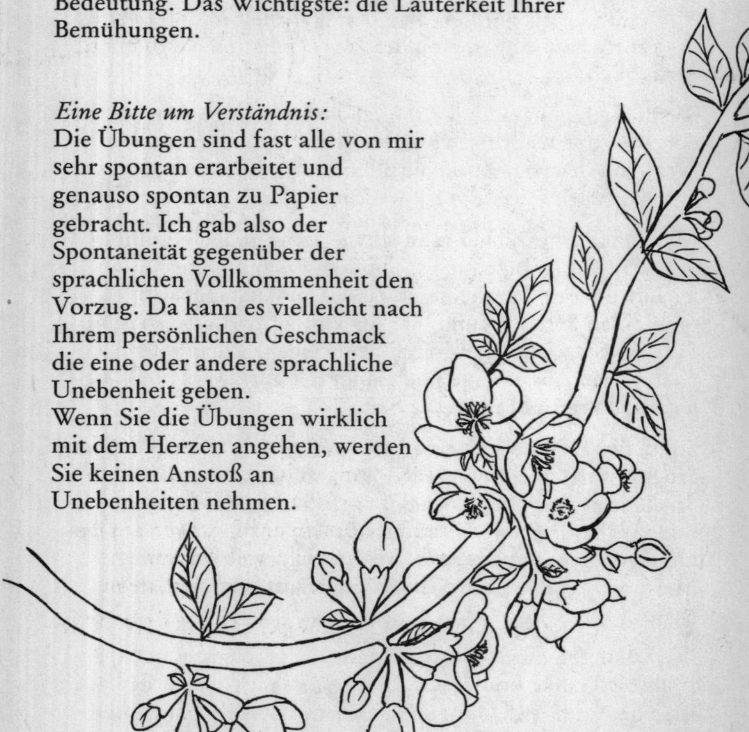

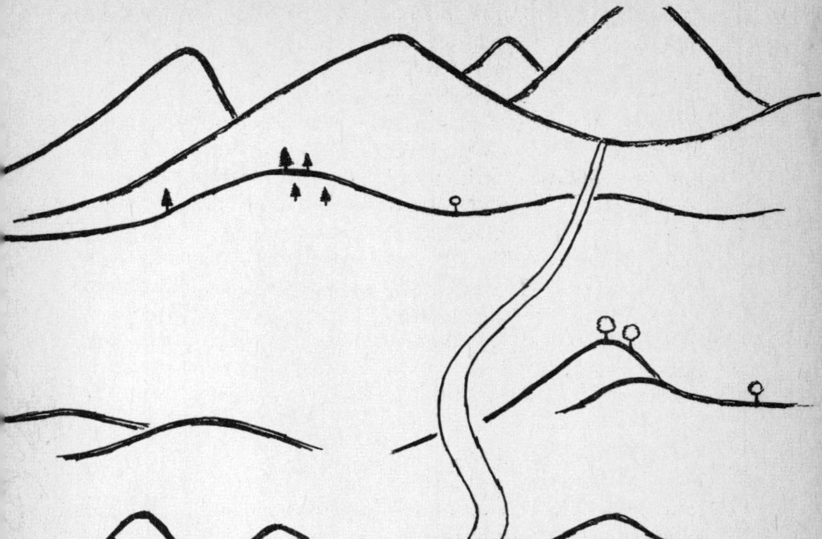

Nun bleibt mir nur noch, Ihnen in tiefem Vertrauen dieses Buch in die Hände zu legen. Ich hoffe und wünsche so sehr, daß Sie alle Übungen der Prüfung Ihres Alltags unterziehen und mit ihnen eine neue Dimension des Erkennens und Verstehens erreichen. Wenn Sie im HIER und JETZT das Geheimnis des Augenblicks erfahren, tun sich Ihnen alle Dinge kund. Das Fragen hört auf – das WISSEN beginnt. Wo immer Sie auch jetzt stehen, Sie können auf diesen WEG des inneren Erkennens und Erfahrens von eben dieser Stelle aus kommen, denn

DER GROSSE WEG HAT KEIN TOR.

DIE WELT DER CHAKREN

Die Lehre von den Chakren ist aus dem indischen Raum zu uns gekommen. Es ist die Lehre von den menschlichen Kraftzentren, von den Zentren, in denen wir die Schwingungen der Lebensenergie oder unserer Lebenskraft aus dem Kosmos, aus der für unseren Verstand unerklärlichen Quelle alles Seins aufnehmen. Es ist die Lehre von den Zentren, aus denen heraus zugleich unsere Lebensprozesse körperlicher und seelisch-geistiger Art gespeist und gesteuert werden. In den vergangenen Jahrtausenden wurden die Chakren nicht selten von medialbegabten und -begnadeten Menschen in der Tiefe ihres Wesens erkannt und mit den geistigen ebenso wie mit den leiblichen Augen gesehen.

Die Funktion der Chakren

Das Wort Chakra kommt aus dem Sanskrit und heißt »Rad«. Die Übersetzung gibt bereits eine gute Vorstellung seiner Bedeutung. Die Chakren sind nicht in statischer Ruhe, sondern befinden sich als Aufnahmeorgane für kosmische Energie und als Transformationszentren in ständiger Bewegung. Sind sie beim geistig noch nicht erwachten Menschen relativ klein, dumpf und ohne besonderes Leben, so können sie sich beim Menschen, der geistig an sich arbeitet, zu strahlend hellen farbigen Zentren von Licht und Energie entwickeln. Unaufhörlich fließt durch sieben Zentren kosmische Energie in die Aura und in den physischen Leib hinein und hilft dem Menschen, seinen Weg hin zu dem EINEN und hin zu seiner Vollkommenheit zu gehen.

(Mir persönlich kommt die an sich richtige Bezeichnung der Chakren als »Räder« nicht so sehr entgegen. Ich stelle mir die Chakren lieber als Blumen – Symbol: Lotos – vor und ihre Segmente als Blumenblätter anstatt der Speichen beim Rad. Es liegt ganz bei Ihnen, welche Vorstellung Sie übernehmen möchten.)

Die Chakren sind also Zentren von Licht und Farbe (nichts anderes als schwingende Energie!), die in Verbindung zur Wirbelsäule stehen. Sie befinden sich nicht im physischen, grobstofflichen Körper, sondern in dem noch »materiellsten« Teil des feinstofflichen Körpers (der »Aura«), häufig Ätherleib genannt, also dicht an der Oberfläche, wenige Zentimeter von der Haut des physischen Körpers entfernt. Hier ist die unendliche kosmische oder göttliche Kraft in erster Linie in uns verkörpert. Sie wirkt auf uns ein durch den Geist, durch das Bewußtsein, durch die Energie, nicht mit den Mitteln des Körpers, die in der Wirkung lediglich nachfolgen. Das Primäre ist die Lebenskraft der Seele. Sie steht über allem und wirkt in erster Linie im feinstofflichen Körper. Nur wenn die Energiekanäle frei durchgängig sind, kann die uns stützende, helfende, heilende Energie auch ankommen und ihre Arbeit tun. Wir tragen alle die Fähigkeit ihrer Aktivierung in uns. Wer den feinstofflichen Körper bezweifelt – was heute noch viele Menschen tun –, der lasse sich davon unterrichten, daß man ihn seit 1936 fotografieren kann, und der möge sich mit den Hintergründen beschäftigen[1], damit seine Zweifel rasch schwinden werden.

Den feinstofflichen Körper durchziehen unzählige Energiebahnen und -ströme, und da, wo sie sich in ganz besonderer Weise verdichten, liegen die Chakren. Denken Sie sich den feinstofflichen Körper als von den Chakren ausströmend und von ihnen getragen. Er kanalisiert gleichsam die uns zuströmende Lebenskraft auf ihrem Weg in den materiellen Körper. So bindet er den Körper ein in die gewaltigen Ener-

[1] Siehe Anton STANGL »Heilen aus geistiger Kraft«, S. 48, Düsseldorf 1980.

gieschwingungen der Erde und des Kosmos: Hier ist die wesensmäßige Einheit allen Lebens. Der physische Körper ist nur der materielle Ausdruck der Seele. Von unserer geistigen Entwicklung hängt die Beschaffenheit des Körpers in dieser Welt ab. So bauen wir selber das Haus, in dem wir leben.

Die drei Funktionen der Chakren. Sie sind:

1. Aufnahme- oder Empfangsorgane für das Einströmen der kosmischen oder göttlichen Energie (altägyptisch BA, japanisch ho, in unserer Sprache »Geist«) in den materiellen Körper in Gestalt der individuellen Lebensenergie oder Lebenskraft (KA, ki, »Seele«);

2. Abgabeorgane für die Verteilung der Energie; sie steuern und harmonisieren den Energiefluß in den verschiedenen Körperteilen und -organen;

3. Sendeorgane beim hochentwickelten Menschen für die Ausstrahlung der geistig-spirituellen Schwingungen nach außen auf andere Wesen und in die Welt. Er kann sie aufgenommen haben, um sie gleichsam wie ein Kanal weiterzuleiten, oder sie können auch durch seine persönliche Entwicklung von ihm selbst erarbeitet sein.

Jedes Chakra hat seinen eigenen Schwingungsbereich, der abgestellt sein sollte auf die der anderen Chakren. Sehr oft haben eines oder mehrere Chakren entweder zuviel oder zuwenig Energie. Dann sorgen die Chakren für die bestmögliche Harmonisierung, sie vermindern oder verstärken also den Strom der Lebenskraft. Das können sie aber nur tun bei der dafür richtigen geistigen Einstellung des Menschen, was unerläßlich ist, weil der Geist den Kern des Menschen ausmacht.

Wenn die Chakren oder Energiezentren blockiert sind, kann die Energie nicht frei fließen, um den materiellen Körper zu durchfluten. Dann kann er nicht mehr »gesund« sein. Die Krankheit ist das Ergebnis einer Energieblockade. Von Seele-Geist her gesehen können wir auch sagen: das Ergebnis einer Behinderung der freien natürlichen Entfaltung der Seele und ihrer Gefühle. Wer das Lebensprinzip vom Fließen und Strömen der Energie und ihre Verdichtung in den Energiezentren, seit Jahrtausenden Chakren genannt, einmal verstanden hat, dem lösen sich so viele vermeintliche Rätsel um das Menschsein, um innere und äußere Gesundheit.

Da Seele-Geist und nicht sein Körper das Wesen des Menschen ist, prägen die Chakren ihre jeweils zugeordneten körperlichen Steuerorgane: die endokrinen Drüsen. Sie sind nicht die letzten Steuerungsmechanismen, wie vielfach geglaubt, denn sie werden ihrerseits gelenkt von der geistigen Einstellung und Denkungsweise. Ist von daher der Energiefluß nicht frei und unbehindert, dann ist die Tätigkeit der Drüsen gestört, körperliche oder seelische Krankheit ist die Folge. *Die hauptsächlichen Störungsquellen sind:*

1. Wegen Blockierung des Energieflusses kann nicht genug Energie abgegeben werden (sehr häufig).

2. Der Energiefluß ist partiell zu stark, weil bestimmte Chakren einseitig entwickelt werden, heute oft die Überbetonung der untersten beiden Chakren (Sexualkraft), oder als Gegenbeispiel das zu frühe einseitige Arbeiten mit den geistigen Chakren. Die Zentren sind also nicht harmonisch aufeinander abgestimmt.

3. Die aufgenommene Energie ist mit negativen Kräften geladen, denen der Aufnehmende mehr oder minder schutzlos preisgegeben ist. So wie es gute, positive, heilsame geistige Kräfte gibt, so gibt es auch schlechte, negative, zerstörerische. Haben wir das erkannt, dann können wir uns mit bestimmten Übungen dagegen schützen.

Übersicht: Die Chakren und ihre Bedeutung

Jedes Chakra ist zuständig für ganz bestimmte Organe des Körpers, die es mit Energie zu versorgen und deren Energiehaushalt es zu steuern hat. Was gewisse Einzelheiten angeht, so können Sie in den verschiedenen alten Schriften, auch wenn die Grundsubstanz der Erkenntnisse immer die gleiche ist, verschiedene Auslegungen und Deutungen lesen, die nicht selten sogar einander widersprechen. Wir haben uns in langer intensiver Auseinandersetzung damit darum bemüht, das für die verschiedenen Chakren Wesentliche zu erfassen. In unserer Arbeit an vielen Menschen hat sich das, vor allem im Zusammenhang mit geistigem (oder »energetischem«) Heilen, über Jahre hinweg bestätigt. In der nachfolgenden Weise können wir es stichwortartig zusammenfassen.

Vorbemerkung: Von der Entwicklung der einzelnen Chakren hängt die Beherrschung der Wirkungsmöglichkeiten und Fähigkeiten ab, die jeweils in Schlagworten aufgeführt sind. Bei geringer Entwicklung sind diese also nicht bzw. in der als negativ empfundenen Form da. Die Wirkungsmöglichkeiten wachsen erst mit dem Grad der Entwicklung des Chakras zum Positiven hin.

Schema:

CHAKRA oder *Energiezentrum*	(Lage) – Farbe
Bedeutung und Wirkungsbereich: seelisch-geistig – körperlich	

7. SAHASRARA (Scheitelpunkt)
   Scheitelzentrum – Farbe: lila-violett

Öffnung des Menschen und Verbindung zum Unendlichen, zur kosmischen, geistigen (spirituellen), göttlichen Welt und ihrer unerschöpflichen Energie (»Prana«). Nur bei seiner vollen Öffnung kann sich uns die höchste Erkenntnis erschließen: das Bewußtsein des Absoluten und des reinen Seins, der All-Einheit alles Seienden, Satori, Samadhi, Erleuchtung genannt, die Stufe der höchsten Vollendung unserer nichtendenden Selbstvervollkommnungsaufgabe in dieser Welt. Als Fundament ist absolute Voraussetzung die volle Entfaltung der vitalen Zentren im HARA-Raum, sonst Gefährdung der seelischen Gesundheit (kein »Boden unter den Füßen«). – Obere Gehirnpartien.

6. AJNA-CHAKRA (Stirnmitte)
   Stirnzentrum – Farbe: indigoblau (dunkelblau mit ganz leichter Tönung ins Violett)

Geistige Erkenntnis (daher auch »Das dritte Auge« genannt) und geistige Ausstrahlung nach außen hin. Von ihm geht die Steuerung der Energie aus.

Entfaltung des Sinnes für das Übersinnliche, daher sind bei entsprechender Entwicklung aus der spirituellen Wachheit heraus tiefe intuitive Einsichten in die geistige Welt möglich. Auf dieser Grundlage Integrierung der Persönlichkeit, die eins ist mit sich selbst, mit der geistigen und materiellen Welt. Voraussetzung: wie bei Scheitelzentrum. – Untere Gehirnpartien, Augen (Sehen), Nase (Riechen), Ohren (Hören), zum Teil Nervensystem.

5. VISHUDA-CHAKRA *Kehlkopfzentrum* (Etwa in der Höhe zwischen 7. Hals- und 1. Brustwirbel) – Farbe: hellblau

Verbindung der vitalen und emotionalen, der mehr körperlich-materiellen und seelischen Zentren zu den geistigen. Verteilung der schöpferischen Energie: einerseits Ernährung der geistigen Zentren mit vitaler Kraft, andererseits Durchdringung des emotional-vitalen Bereichs mit geistiger Kraft. Auch Quelle der sprachlichen Fähigkeiten als Verbindung des Innenmenschen zur Außenwelt. Entwicklung ist besonders wichtig für Menschen in Lehr- und Führungstätigkeit, die in Gefahr stehen, ihre erhöhte Position im Sinn der Machtausübung zu mißbrauchen. In der Bedeutung oft unterschätzt, weil die Steuerungsfunktion an der so wichtigen Nahtstelle verkannt wird (die Verengung des Halses!). – Halsgebiet, Sprechapparatur, Luftröhre und oberer Lungenbereich, Speiseröhre, auch die Arme.

4. ANAHATA-CHAKRA *Herzzentrum* (Etwa in der Höhe zwischen 4. und 5. Brustwirbel) – Farbe: grün

Die seelisch-geistige Quelle der ichlosen Zuwendung zu den Menschen und allen Lebewesen. Sublimierende Umwandlung der animalisch-vitalen Kräfte des HARA-Raums zur dienenden Funktion: zu tiefem Mitfühlen und Verstehen, zur reinen allumfassenden Liebe ohne persönlich-emotionale Beteiligung. Bei guter Entwicklung hochgradige Überwindung der Ichhaftigkeit, von Zweifel und Unsicherheit. Bei niedriger Entwicklungsstufe fehlt es daran ganz entschieden. – Herz, unterer Lungenbereich, Blutkreislauf.

3. MANIPURA-CHAKRA *Solarplexuszentrum* (In der Höhe zwischen 12. Brust- und 1. Lendenwirbel) – Farbe: gelb

Umwandlung von Grobstofflichem, Materiellem, Triebhaftem in Feinstoffliches, Seelisch-Geistiges, Intellektuell-Lebendiges. Zuständig für das körperliche ebenso wie seelische »Verdauen« und Verarbeiten der vitalen Antriebe und

Eindrücke. Daher enge Verbindung mit den Gefühlen und der vorwaltenden Stimmungslage. Erst mit dem persönlichen Aufarbeiten belastender Gefühle in dieser Ebene kann sich das Herzzentrum wie beschrieben entfalten. Bei guter Entwicklung mehr oder minder innere Harmonie, sonst große Unruhe und viele Störungen in Körper und Seele. – Oberbauchorgane: Magen, Gallenblase, Leber, Milz; unbewußtes Nervensystem; auch die oberen Eingeweide, z. B. Blinddarm.

2. SVADHISTANA-CHAKRA *Sacralzentrum*	(In der Höhe zwischen 5. Lendenwirbel und Kreuzbein) – Farbe: orange

Zusammen mit Wurzelzentrum Steuerung vielfältiger Lebensprozesse, besonders von Verdauung, Kreislauf, Blutdruck, Ausscheidung und Reinigung, nicht nur körperlich, sondern auch seelisch-geistig zu verstehen: Erhöhung des Animalisch-Vitalen ins Geistig-Vitale. – Nieren, Blase, Wirbelsäule, Nervensystem, auch Eingeweide im unteren Bauchbereich.

1. MULADHARA-CHAKRA *Wurzelzentrum*	(In der Höhe des Übergangs vom Kreuzbein zum Steißbein) – Farbe: rot

Zusammen mit Sacralzentrum: Sitz der vitalen Energie, der Geschlechtskraft und Fortpflanzungsfähigkeit, Zentrum der Energieversorgung für den ganzen Organismus. Daher auch Wurzel für innere Sicherheit und kraftvolle Festigkeit, für Selbsterhaltung und -durchsetzung in dieser Welt und für schöpferische Kräfte. Gleichsam Kraftquelle für alle anderen Chakren, für jedes Tun. Der wenig entwickelte Mensch bleibt im »primitiven« egozentrischen Energiebereich kleben, und auch der hochentwickelte bezieht seine Kraft aus dieser dann sublimierten Energiequelle. – Männliche und weibliche Geschlechtsteile, auch Beine.

2. und 1. Sacral- und Wurzelzentrum bilden zusammen den HARA-Raum. Darüber demnächst Genaueres.

Die wichtigsten NEBENCHAKREN:

Die beiden HANDCHAKREN (im Handteller an der tiefsten Stelle bei ganz entspannter Hand)
saugen Feinstoffliches an sich und strahlen es aus.

Die beiden FUSSCHAKREN (in der Mitte der Fußsohle)
saugen Feinstoffliches auf und leiten von oben Einströmendes ab.

Am ATLAS (1., oberster Halswirbel, unterhalb der Schädelbasis)
Verbindung mit dem Kleinhirn und Gegenpol des Wurzelchakras: die beiden Enden der Wirbelsäule.

Die jeweils angegebene Farbe bei den verschiedenen Chakren verstehen Sie bitte so, daß sie die vorherrschende Farbe ist. Das heißt also, daß auch andere Farben in dem Chakra enthalten sind und Ihnen daher durchaus »aufgehen« können. Denken Sie daran: Auch die Farben sind – wie alles – fließende, schwingende Energie, jede in ihrer spezifischen ultrakurzen Wellenlänge. Darin liegt auch die besondere Wirkung jeder Farbe auf den Organismus (Farbentherapie, z. B. rot belebend, blau beruhigend).

Um die Notwendigkeit der *Entwicklung der einzelnen Chakren* noch zu verdeutlichen, seien hier in ganz knappen Stichworten *die beiden Extreme der Möglichkeiten* umrissen:

	DAS CHAKRA IST HOCH-ENTWICKELT	DAS CHAKRA IST UNTER-ENTWICKELT
7. Scheitelzentrum	Höchste Vollendung in der Einheit mit der übergeordneten göttlichen Welt	Keinerlei Verständnis für alles außerhalb des Ich liegende Geistig-Spirituelle
6. Stirnzentrum	Geistige Erkenntnis, Intuition, Konzen-	Verstandesdünkel, Kopflastigkeit,

	HOCH-ENTWICKELT	UNTER-ENTWICKELT
	tration, Geistige Ausstrahlung, Feinsinnigkeit	Überheblichkeit, Intellektualität
5. Kehlkopfzentrum	Öffnung für die individuelle Verwirklichung der Vollkommenheit, schöpferische Sprache, Weite	Geistig-spirituelle Beengtheit, Kleben am Diesseitigen, Starrheit, Enge
4. Herzzentrum	Seelenwärme, selbstlose Liebe, »mit dem Herzen dabei sein«	Seelenkälte, Teilnahmslosigkeit, »ohne Herz«
3. Solarplexuszentrum	Innere Harmonie, Frieden	Disharmonie, Unruhe, Störungen in Leib und Seele
HARA:		
1. Sacralzentrum 2. Wurzelzentrum	Ungetrübte Vitalkraft, Aktivität, innere Stärke, Mit-sich-im-reinen-Sein	Animalische Begierde, krasse Selbstdurchsetzung, Machthunger

Aus praktischen und Vereinfachungsgründen habe ich in diesem Buch *die untersten beiden Chakren* (Muladhara und Svadhistana) übungsmäßig zusammengenommen als *HARA-Raum.* Ich folge damit, wenn auch aus anderen Gründen, manch indischer Tradition, wo das Svadhistana-Chakra gar nicht extra aufgeführt wird. Dies wohl aus einer gewissen Sorge heraus, daß seine sechs Speichen (oder Blumenblätter), die negativ mit Lust, Angst, Gier, Täuschung, Stolz und Neid in Verbindung gebracht werden, zu sehr aktiviert werden könnten, bevor sie durch Meditation und sonstige geistige Übungen geläutert und transzendiert werden. Wenn ich also in den Übungen »Hara« sage, so meine ich das Gebiet unterhalb des Nabels mit den beiden untersten Chakren. Es liegt dann ganz bei Ihnen, ob Sie das Gewicht Ihrer inneren Sammlung mehr auf das Steißbein (Muladhara) oder auf das Kreuzbein (Svadhistana) legen wollen.

Übersicht: Zusammenhang der Chakren mit dem organischen Drüsensystem

Seit Bekanntwerden der Chakrenlehre hat eine Reihe westlicher Mediziner die Zusammenhänge zwischen den sieben Chakren und den sieben wichtigsten Drüsen des endokrinen Systems erkannt und für unser Verständnis deutlich herausgearbeitet. Sie sind in der Tat verblüffend: Die Chakren steuern die mit ihnen körperlich eng verbundenen Drüsen, die mit der Ausscheidung ihrer Wirkstoffe (Hormone) ins Blut die Lebensvorgänge in unserem Körper in einer wunderbar anmutenden Weise regeln.

CHAKRA	DRÜSE	deren Wirkungsbereich, grob umrissen
7. Scheitelzentrum	Zirbeldrüse (Epiphyse)	Den ganzen Organismus beeinflussende Drüse, deren vielfältige und äußerst wichtige Funktion noch recht unklar ist.
6. Stirnzentrum	Hirnanhangdrüse (Hypophyse)	Direkte und durch Beeinflussung vieler anderer innersekretorischer Drüsen auch indirekte Steuerung einer ganzen Reihe lebenswichtiger Prozesse im Organismus.
5. Kehlkopfzentrum	Schilddrüse und Nebenschilddrüse	Wichtig für Wachstum von Skelett und inneren Organen, Regelung des Jod-Stoffwechsels und der Nahrungsver-

CHAKRA	DRÜSE	deren Wirkungsbereich, grob umrissen
		wertung, Ausgleich der körperlichen und geistigen Entwicklung, Regelung des Kalkhaushalts in Blut und Gewebe.
4. Herzzentrum	Thymusdrüse	Regelung des Wachstums und trotz Rückbildung nach der Pubertät nach neuen Forschungen bis in hohes Alter aktiv, wahrscheinlich in Steuerung des lymphatischen Apparats (zentrales Immunitätsorgan).
3. Solarplexuszentrum	Sonnengeflecht, Bauchspeicheldrüse, (Magen)	Steuerung des vegetativen Nervensystems, äußerst wichtig für Verdauung durch das Hormon Insulin zur Regelung des Zuckerhaushalts, in Wechselwirkung mit Hormonen von Schilddrüse und Nebennieren.
2. Sacralzentrum	Nebennierendrüsen	Verschiedene Hormone, z. B. Adrenalin, Mitwirkung bei Verdauung von Zucker und Fett sowie der Blutdruckregelung, Regelung von

CHAKRA	DRÜSE	deren Wirkungsbereich, grob umrissen
1. Wurzelzentrum	Keimdrüsen von Mann (Hoden) u. Frau (Eierstöcke: Gelbkörperhormon)	Wasser- und Salzhaushalt und der Pulsschlagfolge. Ausbildung der männlichen und weiblichen Geschlechtsmerkmale, Regelung des weiblichen Zyklus, Fortpflanzung.

Entwicklung und Entfaltung der Chakren

Die Entwicklung und die Entfaltung der Chakren hängen von nichts anderem ab als der persönlichen geistigen Entwicklung des einzelnen, seinem Lassen-können, seinem Reifen. Um den Reifungsprozeß in diesem Sinn geht es in erster Linie in diesem praktischen Buch. So sind fast alle Übungen auf die Chakren hingeordnet. Obwohl sie jeweils im einzelnen Chakra vielleicht ihre größte Wirkung haben, sind sie doch immer auf das Ganze hin angelegt: auf den ganzen Menschen in seiner Drei-Einheit von Körper, Seele und Geist.

Die geistige Entwicklung des einzelnen ist also das Primäre. Ihr entsprechend erwachen und arbeiten die einzelnen Chakren, von unten nach oben. Ziel ist das gleichmäßige Erwecken aller Energiezentren. Die geistigen müssen die vitalen Zentren kontrollieren und leiten, nur dann ist eine hohe Entwicklung möglich. Unsere Lebensführung bestimmt die Entwicklung im wesentlichen mit: die tätige Liebe, das positive Denken und das vertrauensvolle Sich-der-göttlichen-geistigen-Kraft-Überlassen ohne verstandesmäßige Zersetzung des Erlebens (»Kopflastigkeit«). Darüber hinaus ist die Lebensatmosphäre für jeden Menschen besonders wichtig: In einer als feindlich oder »stickig« empfundenen Atmosphäre versagen die Chakren ihren Dienst. Das gilt vor allem für sehr sensible Naturen und bei Kindern.

Die Chakren sind alle miteinander verbunden. Entwickeln wir durch unsere Übungen eines von ihnen, so wird es seine Auswirkung auf die anderen haben. Was wir brauchen, ist zunächst die Basis, das Fundament: große Standfestigkeit, Vertrauen und Zuversicht, bevor wir uns in Ehrfurcht den mehr geistigen Zentren zuwenden dürfen. *Bringen Sie die Chakren deshalb von der Basis her zur Entfaltung!* Arbeiten Sie anfangs in erster Linie, ganz am Anfang vielleicht ausschließlich, mit den unteren Chakren im HARA-Raum: Wurzel- und Sakralzentrum, und dann mit dem Solarplexus. Und vernachlässigen Sie den HARA-Raum auch später auf keinen Fall! Denn die höher gelegenen, immer mehr »geistig« werdenden Zentren brauchen die Wurzel-, die Lebenskraft, die vitale Energie, um im wirklich guten, positiven Sinn tätig werden zu können. Auch das Haus, das Bestand haben soll, braucht zuallererst das feste Fundament. Alles ist schwingende Energie, und ohne Energie ist alles nichts!

Die nachfolgenden Übungen können bei den einen ihre Wirkung sofort haben, bei anderen mag es bis zu einigen Tagen dauern. Bei Menschen, die zu sehr auf nur körperliche, rein von außen kommende Behandlung eingestellt sind, kann die Wirkung anfangs überhaupt ausbleiben. Sie müssen sich zuerst dafür öffnen, daß nicht unser vergänglicher Körper der Wesenskern unserer Natur ist, sondern Seele-Geist, die unvergänglich sind. Dann wird sich ihnen der Segen dieser Übungen wie vielen anderen Menschen auch auftun. Verzagen Sie also nicht, und geben Sie nicht auf, wenn sich nicht gleich zu Beginn fühlbare Erfolge zeigen: Die besondere Sensibilität für die geistigen Kräfte ist nicht bei jedem von vornherein da. Bei vielen Menschen muß sie erst aufgebaut werden. Bei steter Bemühung wird sie rasch wachsen. Und dann kann sie Erstaunliches bewirken, wenn sie den Organismus öffnet für die Strahlungskraft der unermeßlichen Energie, die – welchen Namen wir ihr auch immer geben – alles geschaffen hat, was geschaffen ist.

Goethe läßt im Faust den Chor der Engel singen: »Wer immer strebend sich bemüht, den können wir erlösen«. Wir werden unser Leben richtig gelebt haben, wenn es *das immerwährende Wagnis des nicht endenden Lernens und Erfahrens* gewesen sein wird: Das aber nicht bloß im Kopf, sondern in der Ganzheit unseres Menschseins, in unserem Herzen. Dann wächst es uns mehr und mehr zu, auf unsere innere Stimme zu hören, die aus der Stille, aus dem Schweigen kommt. Bernhard von Clairvaux (1091–1153): »In der Stille liegt alle Kraft«. Und der große Konfuzius (551–470 v. Chr.) brachte auf der anderen Seite unserer Erdkugel den gleichen Gedanken in die Worte: »Der Weise sucht, was in ihm selber ist, der Tor, was außerhalb«. Wenn dieses Büchlein gar manchem Leser das Suchen und das Finden in sich selbst ein Stück leichter machen sollte, dann wird es seine Aufgabe erfüllt haben.

MULADHARA-CHAKRA (Wurzelzentrum) — SVADHISTANA-CHAKRA (Sacralzentrum)

HARA

MULADHARA-CHAKRA	SVADHISTANA-CHAKRA
4 Blätter	6 Blätter
rot	orange
Steißbein	Kreuzbein
Vitale Energie (Urenergie)	Ausscheidung
Fortpflanzung	Reinigung
Festigkeit, Sicherheit	(auch seelisch zu verstehen)
Das Schöpferische	
Selbstbehauptung	

»Je mehr du imstande bist, alle Kräfte einzuziehen und aller Dinge und ihrer Bilder, die du je in dich aufgenommen, zu vergessen, je mehr du also der Kreatur vergissest, um so näher bist du dem Göttlichen und um so empfänglicher. Möchtest du doch aller Dinge auf einmal unwissend werden, ja möchtest du geraten in ein Unwissen deines eigenen Wesens!«

(Meister Eckehart)

GELASSENHEIT

Setzen Sie sich in eine der Lotoshaltungen auf den Boden oder, wenn das nicht möglich ist, auf einen Stuhl. (Dann achten Sie darauf, daß die Füße mit etwas Abstand voneinander parallel den Boden fest berühren.) Seien Sie so entspannt wie möglich, die Wirbelsäule locker aufgerichtet, die Hände auf den Knien.

Sammeln Sie sich nun eine kleine Weile auf sich selbst. Schließen Sie die Augen und wenden Sie den Blick nach innen. Spüren Sie, wie der Atem kommt und geht, ohne ihn jedoch beeinflussen zu wollen.

Nehmen Sie nun langsam die Hände so, daß die linke vorne auf das Hara-Gebiet gelegt wird (Unterleib unterhalb des Nabels), die rechte hinten auf das Kreuzbein. Die Handinnenflächen »schauen« durch die Bauchmitte hindurch einander an.

Spüren Sie, daß die Hände an diesen beiden Stellen Ihres Körpers liegen. Nehmen Sie wahr, wie der Atem dorthin strömt. Üben Sie das eine kleine Weile.

Dann spüren Sie sich ein in den Raum, der z w i s c h e n den beiden Händen liegt. Ihr Bewußtsein flutet gleichsam durch den Unterbauchraum von der einen Hand zur anderen. Sie nehmen wahr, was da alles ist:

das Kreuzbein mit dem Steißbein
die Därme
die Genitalorgane
die Blase.

Stellen Sie sich nun auf Ihre Nase ein und beginnen, dort eine feine Substanz einzuatmen. Stellen Sie sich diese Substanz vor, wie Sie es möchten. Sie dringt durch Ihre Nase ein, fließt hinab über die Schultern zu den Händen und Fingern und wird von dort in das Hara-Gebiet hineingeleitet. Sie spüren einen warmen Strom von Kraft, von ruhevoller Gelassenheit zwischen Ihren Händen, und Sie nehmen wahr, wie der ganze Unterleib sich damit erfüllt.

Dieser kraftvolle Strom wird schließlich so stark, daß die Hände wie von selbst den physischen Körper verlassen und in die Aura hineingehen, ohne daß das Strömen der Energie dadurch unterbrochen wird. Warm und ruhig und kraftvoll strömt es durch Ihren Unterleib und breitet sich von dort aus in den ganzen Körper hinein, in Seele und Geist.

Lassen Sie nun langsam die Hände sinken und verweilen in diesem Strom von Ruhe und Kraft.

RUHEVOLLE KRAFT

Stehen Sie so, daß Ihre Füße parallel im Abstand von 2 bis höchstens 3 Handbreit fest am Boden sind. Die Knie sind gerade, jedoch nicht durchgedrückt. Die Wirbelsäule ist lokker aufgerichtet, der Scheitel zeigt nach oben.

Sammeln Sie sich eine kleine Weile einfach darauf, daß Sie hier sind, jetzt, in diesem Augenblick.
Jeden anderen Gedanken und jedes andere Gefühl lassen Sie fallen.

Konzentrieren Sie sich dann einige Minuten lang auf Ihre Mitte (Hara, unterer Bauchraum unterhalb des Nabels). Gehen Sie in das Gefühl hinein, daß Sie

in Ihrer Mitte

sind. Kosten Sie es aus. Lassen Sie den Atem dort sein. Fühlen Sie, wie er kommt und geht, ohne ihn beeinflussen zu wollen.

Schon nach kurzer Zeit werden Sie feststellen, wie ein Gefühl von Ruhe, Sicherheit, Gelassenheit und Verwurzelung sich in Ihnen verbreitet.

Lenken Sie dann Ihr Bewußtsein auf Ihre Füße. Spüren Sie die Füße voll und ganz, fest und sicher am Boden. Fangen Sie nun an, mit Ihren Füßen gleichsam

die Kraft der Mutter Erde (Yin)

hereinzusaugen in Ihren Körper. Lassen Sie diesen Strom
durch Ihre Fußgelenke
durch Ihre Unterschenkel
durch Ihre Kniegelenke
durch Ihre Oberschenkel
durch Ihre Hüftgelenke
in Ihre Mitte strömen. Sehen Sie das bildlich vor sich. Geben Sie diesem Strom dann den Namen

RUHE

Dieser ruhevolle Strom breitet sich in Ihrem ganzen Unterbauchraum aus und gibt Ihnen eine große körperliche und seelisch-geistige Sicherheit, gibt Ihnen Ruhe und Vertrauen.

Stellen Sie sich dann auf Ihren Scheitel ein (Tonsurstelle). Dort schließen Sie sich gleichsam an

an die Kraft von Vater Himmel (Yang).

Sie lassen diesen Strom durch Ihr Scheitelchakra herein
und hindurchfließen
durch Ihren Kopf
durch den Hals
durch die Schultern
durch den Oberkörper
durch den Oberbauch
bis hinein zum Zentrum Ihrer Mitte. Sehen Sie das wieder bildlich vor sich. Geben Sie dem Strom den Namen

KRAFT.

In Ihrer Mitte treffen sich nun die beiden Ströme: der ruhevolle Strom von Mutter Erde und der kraftvolle Strom von Vater Himmel. Sie spüren dort in Ihrem Hara diese ruhevolle Kraft so stark, daß Sie sie hineinlassen können in Ihren ganzen Körper, in Seele und Geist. Sie sind ganz und gar erfüllt von

RUHEVOLLER KRAFT
KRAFTVOLLER RUHE

und Sie sind bereit, sie in Ihrem Alltag zu verwirklichen.

UR-VERTRAUEN

Setzen Sie sich in eine der Lotoshaltungen auf den Boden, oder setzen Sie sich, wenn Ihnen das nicht möglich ist, auf einen Stuhl. (Achten Sie dann darauf, daß die Füße mit etwas Abstand voneinander parallel fest den Boden berühren.) Seien Sie so entspannt wie möglich, die Wirbelsäule jedoch locker aufgerichtet, die Hände auf den Knien.

Sammeln Sie sich nun eine kleine Weile auf sich selbst. Schließen Sie die Augen und wenden Sie den Blick nach innen. Gehen Sie ganz in einen Zustand von offener Wachheit hinein.

Lenken Sie nun Ihr Bewußtsein auf das Hara-Gebiet. Sammeln Sie all Ihr Denken und Fühlen wie durch ein Brennglas hindurch ungefähr eine Handbreit unterhalb Ihres Nabels, jedoch innen in Ihrem Leib (nicht außen auf der Haut). Seien Sie einfach eine Weile dort, ohne irgend etwas zu wollen oder zu wünschen.

Lassen Sie in Ihrer Vorstellung jetzt langsam dort eine orangefarbene Kugel entstehen (ungefähr in der Größe zwischen einer Mandarine und einer mittelgroßen Orange). Diese Kugel ist eine

einzigartige Kostbarkeit, geladen mit einer
unbegrenzten Energie,

die sie langsam-unaufhaltsam ausströmt, ohne selbst leer zu werden.

Wenn Sie diese kostbare orange-farbene Energiekugel ganz deutlich in Ihrem Hararaum liegen sehen, dann lassen Sie es zu, daß die Kugel langsam beginnt, sich zu bewegen.

> Sie bewegt sich in Zeitlupengeschwindigkeit in Ihrem Bauchinnern kreisförmig nach rechts, dann nach oben und wieder links hinunter zu ihrem Ausgangspunkt. Die Kugel bewegt sich also um

den Nabel herum als Zentrum immer in demselben Abstand von ihm, den sie am Anfang hatte.

Während die Kugel in Bewegung ist, strömt sie unaufhaltsam ihre kostbare orange-farbene Energie aus, in Ihren ganzen Bauchraum hinein.

Wenn die Kugel einige Male den Nabel umkreist hat, verläßt sie langsam ihre Bahn und bewegt sich

spiralförmig auf den Nabel

zu. Dort kommt sie schließlich zur Ruhe.

Hier im Zentrum des Nabels schmilzt die kostbare Kugel ganz langsam ein und verströmt vollends ihre orange-farbene Energie. Gleich einer Woge von unendlicher Kraft ergießt sich die Energie in Ihren ganzen Bauch-Becken-Raum hinein. Alle Organe werden davon durchdrungen. Bis in jede Zelle hinein strömt diese schöpferische Ur-Kraft vom Becken aus in Ihren ganzen Körper hinein, in Seele und Geist.

Dieses Strömen mag sich Ihnen mitteilen als eine Welt von

grenzenlosem Vertrauen,

von UR-VERTRAUEN.

Tauchen Sie hinein in diesen Ozean von Vertrauen, der Sie erfüllt bis in Ihren tiefsten Seelengrund.

MANIPURA-CHAKRA
(Solarplexuszentrum)

10 Blätter
gelb
Lendenwirbel

Umwandlung von Grob-
stofflichem in Feinstoffliches
»Verdauen« körperlich und
seelisch

Eng verbunden mit Gefühlen
und Grundstimmung

Frieden

»Mach mich zum Werkzeug Deines Friedens«
(Franziskus von Assissi)

HEILENDE ENERGIE

Wenn Sie manchmal (oder oft) Schwierigkeiten mit Ihrem Magen haben (oder mit anderen Organen im Oberbauchraum), so könnte Ihnen die nachfolgende Übung helfen:

Bringen Sie sich zuerst in einen entspannten Zustand, z. B. durch die Vorübung auf Seite 66 oder die Übung Seite 78.

Legen Sie dann Ihre Hände so auf den Solarplexus, daß die Fingerspitzen aufeinander zu zeigen, sich jedoch nicht berühren. Stellen Sie sich dann bildlich vor, wie Ihre Verspannungen (Schmerzen, sonstige Schwierigkeiten) sich in die Fingerspitzen hineinbegeben, nach rechts und nach links, dann durch die Finger, Handteller, Handgelenke, Unterarme zu den Ellbogen fließen und dort herauströpfeln. Ein ständiger Strom dessen, was Sie loswerden sollen, geht diesen Weg.

Üben Sie dies eine kleine Weile. Lassen Sie dann die Finger nach rechts und nach links gleiten, einige Zentimeter weiter. Dann üben Sie von neuem, Ihre Verspannungen abzuleiten. Dies wiederholen Sie so lange, bis die Finger ganz rechts und links am Oberbauch angekommen sind.

Sie werden dann wahrscheinlich spüren, wie frei und leicht Ihr Oberbauchraum jetzt ist. Vielleicht fühlen Sie sich so gut wie schon lange nicht mehr. Aber auch wenn dies nicht so deutlich zu fühlen sein sollte, die Übung hat ihre Wirkung. Verzagen Sie deshalb nicht.

Nehmen Sie nun die Hände wieder auf die Höhe des Solarplexus, jedoch so, daß sie ungefähr 10–20 cm darüber in der Aura schweben. Atmen Sie in diese Weite hinein, zwischen Ihrem jetzt freien Oberbauchraum und Ihren Händen. Stellen Sie sich vor, wie von den Händen

eine starke heilende Energie ausgeht,
wie von zwei Sonnen.

GÖTTLICHER ATEM

Legen Sie sich auf den Boden oder auf Ihr Bett und sammeln Sie sich einige Minuten auf sich selbst.

In welcher Verfassung sind Sie?
Wie fühlen Sie sich?

Beantworten Sie sich diese Fragen ohne irgendeine Bewertung – ohne Euphorie, wenn es Ihnen gut geht; ohne Groll und Selbstmitleid, wenn es Ihnen schlecht geht. Schauen Sie sich einfach an und fühlen Sie, was ist.

Spüren Sie dann, wie in Ihre Nase Atem einströmt und

– lassen Sie im Ausatem gleichsam den Kopf los. Bei jedem Ausatem sinkt er etwas mehr auf die Unterlage zurück. Sie lassen ihn los – und damit alle Verspannungen, alle Schmerzen, alle Gedanken, alle Wünsche . . .

– Sie atmen weiter ruhig und sanft durch die Nase ein und lassen sich im Ausatem im Hals los: die Halswirbel sinken bodenwärts. Alle Verspannungen in der Halswirbelsäule, in der Muskulatur, in der Kehle lassen Sie los . . .

– Der Einatem fließt weiter ruhig-sanft durch die Nase und der Ausatem durch die Schultern, Arme und Hände. In diesem Ausatem geben Sie alles ab, was in Ihren Schultern zuviel ist an Spannung, Haltung, Verkrampfung, an Festhalten, an »Bürde«. Und Sie betten im Ausatem die Arme, Hände und Finger sehr sanft und weich, aber wach und fühlsam, auf die Unterlage . . .

– Atem strömt weiterhin ruhig und sanft durch die Nase ein. Der Ausatem hilft dem Oberkörper, sich loszulassen: er strömt durch die Wirbelsäule und hilft ihr, sich mehr und mehr auf den Boden zu legen. Er strömt durch alle Rippen und hilft ihnen, sich zu lösen. Der ganze Rücken darf breit und sicher ruhen . . .

– Ruhig und sanft atmen Sie weiterhin durch die Nase ein und lassen sich im Ausatem im Becken los: das Kreuzbein senkt sich immer mehr auf die Unterlage (mehrere Atemzüge lang). Das ganze Becken entspannt und löst sich, bis es breit und sicher am Boden ruht . . .

– Der Atem strömt weiter durch die Nase und fließt im Ausatem wie ein Wasserstrom, wie zwei Wasserströme durch die Beine: die Hüftgelenke lösen sich, die Oberschenkel, die Kniegelenke, die Unterschenkel, die Fußgelenke, die Füße und die Zehen. Wenn der Ausatem nicht ausreicht, die Beine in einem Zug so durchzuarbeiten, so halten Sie sich nicht daran fest. Versuchen Sie es eben »stückchenweise«, also von den Hüftgelenken bis zu den Knien, und beim nächsten Ausatem von den Knien an weiter . . .

Nun geben Sie das bewußte Atmen auf und ruhen still in diesem wundervollen Strömen von Energie und Ruhe.

Legen Sie nun sachte Ihre Hände auf den Solarplexus. Spüren Sie, daß Sie es tun. Nehmen Sie wahr, wie der Atem dorthin strömt, wo Ihre Hände sind. Er kommt und geht – und Sie tun gar nichts dazu, schauen ihm gleichsam nur zu.

Nach einer Weile spüren Sie, daß durch Ihre Nase eine unendlich feine Substanz von golden-farbigem Dunst oder von einem wundervollen Geruch einfließt, die durch Ihre Arme und Hände in Ihren Solarplexus hineinströmt. Diese feine Substanz wäscht alles von Ihrer Seele, von Ihrem Gemüt hinweg, was Sie hindert, Sie selbst zu sein:

alle schmerzlichen Erinnerungen
alle emotionale Verwirrung
alle Sorgen und Ängste
allen Groll und Eifersucht
alle Gier und Habsucht
alles, was Sie an sich stört . . .

Stattdessen strömt mit dieser feinen Substanz ein Gefühl von Frieden, Geborgenheit und Harmonie. All dies strömt in Ihren Solarplexus und erfüllt Ihre Seele und Gemüt.

Nehmen Sie nun langsam die Hände vom Körper weg und halten Sie sie in die Aura darüber. Vielleicht zunächst nur wenige Zentimeter. Ganz langsam jedoch schweben die Hände weiter vom Körper weg in eine Höhe, die Ihnen angenehm ist. Spüren Sie, wie die Energie von Frieden, Geborgenheit und Harmonie noch einen weiteren Aspekt bekommt: grenzenlose Weite.

Lassen Sie schließlich jeden anderen Gedanken und jedes andere Gefühl als FRIEDEN fallen. Lassen Sie Frieden aus Ihrem Solarplexus sich ausbreiten, wie einen hell-leuchtenden Strahlenkranz, aus unendlichem Licht, alles überstrahlend. Tauchen Sie hinein in dieses Licht. Leuchten Sie von diesem inneren Zentrum her hinein in Ihren Körper, in Ihre Seele, in Ihren Geist. Seien Sie sich bewußt, daß Sie selbst es sind, der gleichermaßen leuchtet und erleuchtet wird.

Lassen Sie nun diesen FRIEDEN und dieses LICHT ein wenig in die Welt hinaus. Schicken Sie dorthin Frieden, wo er gebraucht wird. Seien Sie ein Licht, das dorthin leuchtet, wo es gebraucht wird.

Doch seien Sie dabei ganz und gar frei von irgendeinem Gedanken oder einem Gefühl von »Verdienst«.

Einfach FRIEDEN sein und FRIEDEN senden –

Einfach LICHT sein und LICHT senden –

das ist genug.

ALLES ist im göttlichen Atem enthalten,
wie der Tag im Dunst des frühen Morgens.
(Muhyiddin Ibn al Arabi)

SONNENGEFLECHT

Setzen Sie sich in eine der Lotoshaltungen auf den Boden oder, wenn das nicht möglich ist, auf einen Stuhl. (Dann achten Sie darauf, daß die Füße mit etwas Abstand parallel den Boden fest berühren.) Die Wirbelsäule ist locker aufgerichtet, die Hände liegen auf den Knien.

Sammeln Sie sich nun eine kleine Weile auf sich selbst. Gehen Sie tief in das Bewußtsein hinein, daß

Sie HIER sitzen, GERADE JETZT.

Lassen Sie jeden anderen Gedanken fallen als den, daß Sie in diesem Augenblick hier sitzen und dadurch ein wenig von EWIGKEIT erfahren dürfen.

Nehmen Sie dann ganz langsam Ihre Hände auf die Höhe des Solarplexus. Spüren Sie, daß Sie die Hände durch ein Meer von feinstofflicher Energie hindurchführen. Die linke Hand legen Sie jetzt sehr behutsam auf den Solarplexus, die rechte Hand schwebt noch etwas weiter durch das Meer von feinstofflicher Substanz. Sie führen sie nach hinten und legen sie dann auf die Lendenwirbelsäule. Beide Handflächen können sich nun gleichsam durch die Oberbauchmitte hindurch »anschauen«.

Spüren Sie, daß die Hände an diesen beiden Stellen Ihres Körpers liegen. Üben Sie dies eine kleine Weile.

Dann spüren Sie sich ein in den Raum, der zwischen den beiden Händen liegt. Ihr Bewußtsein flutet gleichsam durch den Oberbauchraum von der einen Hand zur anderen. Sie nehmen wahr, was da alles ist:

die Lendenwirbel
die Nieren
die Leber und die Gallenblase
der Magen
die Bauchspeicheldrüse
die Milz.

Fangen Sie nun an, durch die Nase die feinstoffliche Substanz einzuatmen, die Sie umgibt. Sie können sie sich vorstellen wie einen feinen goldenen Dunst (oder wie den betörenden Duft einer Blume). Lassen Sie diesen goldenen Dunst durch die Nase ein und hinunterfließen über die Schultern, die Arme zu Ihren Händen. Von den Händen strömt er in den ganzen Oberbauch hinein: ein heller, golden-farbener Dunst, ein heilender Energiestrom.

Sie spüren, wie dieser hell leuchtende Strom sich im gesamten Oberbauch ausbreitet wie ein Strahlenkranz. Er durchdringt alle Organe und gibt ihnen Kraft und Heilung. Eine wundervolle helle Wärme breitet sich dort aus und durchdringt alles.

Die Helligkeit und Wärme wird langsam so stark, daß die Hände schließlich wie von selbst den physischen Körper verlassen und in die Aura hineingehen, ohne daß das Strömen der Energie dadurch unterbrochen wird. Weit und hell und warm flutet es durch Ihren Oberbauch und breitet sich von dort aus in Ihren übrigen Körper hinein, in Seele und Geist.

Schließlich lassen Sie die Hände ganz langsam auf die Knie zurücksinken und verweilen still in diesem Strömen von Licht und von allem, was Ihnen wurde. Bleiben Sie so lange, wie es Ihnen gut erscheint. Vielleicht möchten Sie sich auch kurze Zeit im Liegen ausruhen, ohne daß das Strömen dadurch beendet wird.

ANAHATA-CHAKRA
(Herzzentrum)

12 Blätter
grün
Brustwirbel

Kommunikationszentrum
Verstehen
»Herzmitte«
Reine, allumfassende Liebe

»Meditiere in diesem Chakra
über den Sitz der Gnade«

(Shatchakra nirupana)

HERZMITTE

Eine Übung im Sitzen zur Befreiung der Arme und Schultern von Spannungen und zum Öffnen des Herzchakras. (Diese Übung kann auch im Stehen erarbeitet werden.)

Setzen Sie sich auf einen Stuhl (Füße auf den Boden) oder in eine der verschiedenen Lotoshaltungen auf den Boden. Sammeln Sie sich eine kleine Weile auf das Hara- Zentrum.

Lassen Sie dann ganz langsam die Arme nach vorne/oben schweben, so daß die Hände sich bei ausgestreckten Armen in Höhe des Herzchakras treffen. Mit beiden Händen formen Sie sich nun eine imaginäre Energiekugel, die jedoch nur so groß sein darf, daß eine Hand sie bequem alleine tragen kann. Spüren Sie, wie Ihre Hände sich anfühlen, während sie die Kugel formen.

Dann gehen die Hände ganz langsam auseinander, die rechte Hand nach rechts (sie trägt den imaginären Ball), die linke nach links, so daß schließlich die Arme in Schulterhöhe weit ausgebreitet sind (Handinnenflächen nach oben). Fühlen Sie den Unterschied zwischen der rechten Hand, die den Ball hält, und der linken.

Versuchen Sie jetzt, sich intensiv vorzustellen, wie von der Kugel in der rechten Hand ein Strom von Energie ausgeht.
Er flutet
in die Hand hinein
durch das Handgelenk
durch den Unterarm
über das Ellbogengelenk
durch den Oberarm
durch das Schultergelenk
durch den Schulterraum hindurch
bis hin zur spirituellen Herzmitte. Unaufhörlich fließt dieser energetische Strom von der Kugel aus diesen Weg entlang zum Herzchakra.

Nachdem Sie das eine kleine Weile geübt haben, vergleichen Sie Ihre Arme. (Sollten Ihre Arme durch das ungewohnte Üben etwas müde sein, so senken Sie sie und lassen Sie sie auf den Oberschenkeln/Knien etwas ausruhen.)

Beide Arme/Hände schweben dann wieder nach vorne, vor die Herzmitte, und die rechte Hand übergibt der linken die Energiekugel. Die Hände gehen wieder auseinander (nach rechts und nach links), und Sie üben jetzt, den Energiestrom vom linken Ball ausgehend bis zur Herzmitte zu lenken. Dies wieder eine Zeitlang.

Langsam lassen Sie jetzt die Arme sinken, legen die imaginäre Energiekugel sorgfältig auf den Boden und versenken sich dann ganz in Ihr Herzchakra. Vertiefen Sie alle Gefühle, die Sie dort haben. Lassen Sie alles zu, was geschehen möchte.

Vielleicht entsteht in Ihrer Herzmitte ein helles Licht. Lassen Sie auch dieses Licht zu und lassen Sie sich ganz von ihm erfüllen. Von der Mitte des Herzens aus kann es in Ihren ganzen Körper hineinstrahlen und vielleicht auch darüber hinaus. Ruhen Sie eine Weile still darin. Und legen Sie sich am Schluß vielleicht etwas auf den Boden, um sich im ganzen auszuruhen.

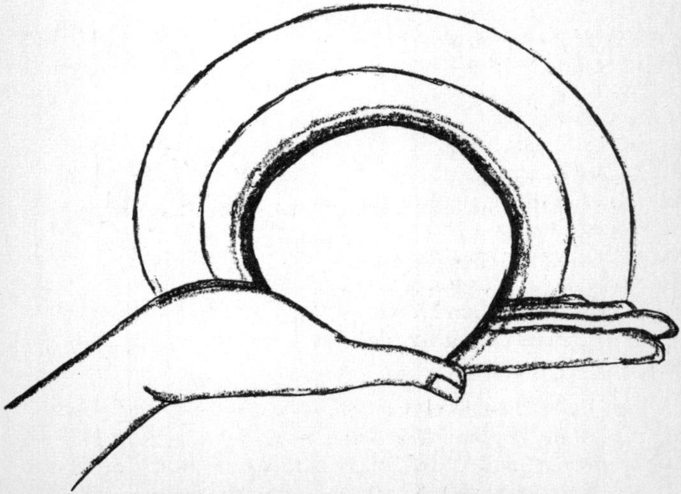

HERZENSLIEBE

Wir arbeiten noch einmal mit einer kleinen Energiekugel. Die Übung ist sehr befreiend für Schulter- und Armräume. Und, noch wichtiger, sie erweckt das Herzchakra. Sie kann im Sitzen, im Stehen oder auch im Liegen erarbeitet werden.

Setzen Sie sich in dem Lotossitz, der Ihnen leicht möglich ist, auf den Boden. Die Hände ruhen zunächst auf den Knien. Nehmen Sie Kontakt Ihrer Beine zum Boden hin, verlängern die Sitzhöcker leicht Richtung Boden und versenken sich dann eine Weile in Ihre Bauchmitte (Hara).

Dann schweben die Arme/Hände, geführt von den leicht gestreckten Fingern, nach seitlich-oben, so daß Sie schließlich Ihre Arme ausgebreitet haben (in Schulterhöhe). Langsam drehen Sie die Hände so, daß die Handinnenflächen nach oben zur Decke schauen. Nehmen Sie sich eine kleine Weile in dieser geöffneten Haltung wahr, ohne irgend etwas anderes zu wollen als offen zu sein.

Sie stellen sich dann intensiv vor, daß Ihre rechte geöffnete Hand eine kleine Energiekugel hält, die unaufhörlich Energie abgibt. Diese Kugel rollt nun langsam von der Hand in die Räume des rechten Armes hinein:
durch das Handgelenk
durch den Unterarm
durch das Ellbogengelenk
durch den Oberarm
durch das Schultergelenk
durch den Schulterraum
hinüber zur spirituellen Herzmitte. Dort verbleibt die Kugel eine kleine Weile, und sie rollt dann weiter nach links:
durch den linken Schulterraum
durch das Schultergelenk
durch den Oberarm
durch das Ellbogengelenk
durch den Unterarm
durch das Handgelenk bis in die Hand. Auf ihrem Weg durch diese inneren Räume gibt die Kugel laufend Energie ab, ohne daß sie selbst energielos würde.

Von der linken Hand nun kann diese Energiekugel den beschriebenen Weg zurückrollen zur rechten Hand und so fort. Üben Sie dies mehrmals, bis Sie merken, daß es genug ist. Dann lassen Sie die Kugel langsam zur Herzmitte hinrollen und senken dann ganz langsam die Arme.

Dort in der spirituellen Herzmitte schmilzt die Kugel gleichsam ein. Sie gibt ihre Energie so total in das Herzchakra hinein, daß sie sich selbst auflöst. Fühlen Sie, wie sich das in Ihrem Herzchakra anfühlt.

> Ist es ganz warm, hell, ja strahlend-hell,
> ganz von Licht und Wärme und Mitgefühl
> und einer Art von GROSSER LIEBE erfüllt?

Lassen Sie sich von dieser großen Liebe absolut erfüllen. Und lassen Sie sie hinausströmen und umhüllen Sie sich mit einem Mantel der Liebe. Warm und strahlend hell sind Sie von Liebe erfüllt und von Liebe umhüllt.

SCHMELZTIEGEL

Eine Übung im Stehen, die jedoch auch im Sitzen (auf dem Boden oder auf einem Stuhl) ausgeführt werden kann.

Stehen Sie so, daß die Füße (im Abstand der Hüftgelenke) parallel fest am Boden sind. Die Knie sind gerade, aber nicht durchgedrückt. Die Arme hängen nach unten, die Wirbelsäule ist locker aufgerichtet.

Ganz langsam gleiten nun Ihre Arme nach seitlich/oben, so daß Sie am Ende der Bewegung die Arme in Schulterhöhe ausgebreitet haben und mit Ihrem Körper gleichsam ein Kreuz formen. Lassen Sie sich zu dieser Bewegung viel Zeit. Fühlen Sie, wie Ihre Arme so langsam durch die Luft schweben, daß sie sich fast gar nicht bewegen. Dies allein kann schon eine Übung für sich sein.

Sind die Arme schließlich bis in Schulterhöhe ausgebreitet, so sammeln Sie sich ganz auf Ihren rechten Mittelfinger. Sie lassen ihn an der Wand, zu der er hinschaut, eine

rechtsdrehende Spirale

zeichnen, ganz klein zuerst und ganz, ganz langsam immer größer. Im ganzen bleiben Sie dabei so entspannt wie möglich. Lassen Sie Ihre Bewegungen leicht und sanft sein, so als ob es »von selbst« ginge.

Alles, was Ihnen dabei vielleicht an Schmerzen begegnet, an großer Spannung, an Gefühlen wie

»Ich kann nicht mehr« oder an Gedanken wie
»Warum plage ich mich eigentlich so?«

das lassen Sie einfach zu und leiten es in Ihr Herzchakra wie in einen Schmelztiegel. Schmelzen Sie es ein – und machen Sie Ihre Übung weiter.

Wenn Ihre Spirale ganz weit geworden ist, so machen Sie sich auf den Rückweg. Sammeln Sie sich ganz darauf, die

Spirale wieder von groß nach klein zurückzuzeichnen. Gehen Sie in Ihre Aufgabe so sehr hinein, daß Sie nach Möglichkeit die Bahnen zurückzeichnen können, die Sie vorher schon gemalt haben. (Sollte es für Sie unmöglich sein, die Arme so lange oben zu halten, so lassen Sie sie vor dem Zurückzeichnen kurz nach unten sinken. Besser ist es, die Spannungen im Herzchakra einzuschmelzen . . .)

Wenn der rechte Mittelfinger wieder an seinem Ausgangspunkt angekommen ist, dann gönnen Sie sich hier ein kleines Ausruhen. Gehen Sie ein wenig in das Gefühl hinein, daß Sie hier begonnen haben und jetzt zurückgekommen sind, durch alle Verspannungen, Schmerzen und Schwierigkeiten hindurch.

Dann lassen Sie langsam Ihre beiden Arme sinken. Auch wenn Sie das Gefühl haben, es nicht mehr langsam schaffen zu können – tun Sie es trotzdem. Geben Sie weiterhin alles, was Sie jetzt an sich stört, in Ihr Herzchakra hinein: alle Verspannungen, alle Schmerzen, jeden Gedanken und jedes Gefühl von »nicht-mehr-können«. Schmelzen Sie dies alles dort ein. Wenn alles im Herzchakra eingeschmolzen ist, kann eine wundervolle Energie daraus entstehen: hell und warm und über alle Maßen schön und beglückend. Gehen Sie ganz in dieses Strömen hinein. Fühlen Sie alles, was mit Ihnen geschieht.

Nach einigen Minuten des Ausruhens und Nachspürens machen Sie die Übung noch einmal und lassen diesmal den linken Mittelfinger zeichnen.
Wenn Sie auch damit fertig sind, spüren Sie einfach Ihr Herzchakra, diesen großen Schmelztiegel. Lassen Sie es zu, daß dort eine große leuchtend-warme Energie entsteht, die Sie ganz und gar ausfüllt, vom Scheitel bis zur Sohle und darüber hinaus.

> Wenn du aufmerksam und wachsam bist,
> wird dir die Antwort auf dein Tun in jedem
> Augenblick offenbar sein.
> Achte darauf, daß du auch ein reines Herz hast,
> denn etwas wird dir geboren als Frucht
> einer jeden Tat. (Mevlana Celaleddin Rumi)

GLÜCKSELIGKEIT

Setzen Sie sich in eine der Lotoshaltungen auf den Boden oder, wenn Ihnen das nicht möglich sein sollte, auf einen Stuhl. (Achten Sie dann darauf, daß die Füße mit etwas Abstand voneinander parallel fest den Boden berühren.) Seien Sie so entspannt wie möglich, die Wirbelsäule jedoch locker aufgerichtet, die Hände auf den Knien.

Sammeln Sie sich nun eine kleine Weile auf sich selbst. Schließen Sie die Augen und wenden Sie den Blick nach innen. Spüren Sie, wie der Atem kommt und geht, ohne ihn jedoch beeinflussen zu wollen.

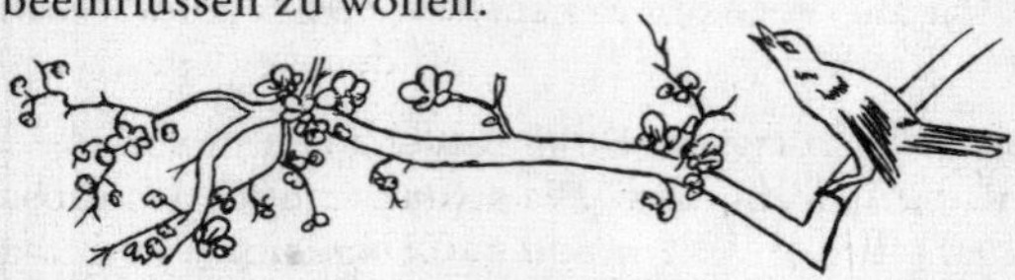

Lenken Sie dann die Aufmerksamkeit auf das spirituelle Herz, auf das Herzchakra. Seien Sie einfach eine Weile dort. Versenken Sie sich darin.

Lassen Sie jetzt Ihre Hände nach vorne/oben schweben, ganz langsam. Halten Sie in der Bewegung vor dem Herzchakra inne. Die Hände sollten einigen Abstand von dort haben, die Haut oder die Kleidung also nicht berühren. Wählen Sie den Abstand vom physischen Körper so, wie er Ihnen angenehm erscheint. Spüren Sie nun die Ausstrahlung der Hände auf die Herzmitte.

Beginnen Sie nun, ganz langsam durch die Nase und durch Ihr Stirnchakra jene feinstoffliche Energie einzuatmen, die ständig um uns herum ist. Seien Sie sich bewußt, daß diese feinstoffliche Essenz das ist, was Ihnen ständig, auch wenn Sie nicht daran denken, LEBEN verleiht. Stellen Sie sich diese Lebensenergie bildlich vor wie einen feinen goldenfarbenen Dunst. Sie schlürfen ihn gleichsam in Nase und Stirnchakra ein und lassen ihn hinunterströmen
über die Schultern
über die Arme zu den Händen. Von dort, von Ihren beiden Händen leuchtet der Strom wie ein golden-farbenes Licht schimmernd in Ihr spirituelles Herz hinein.

Zwischen Ihren Händen und dem Herzchakra entsteht eine goldene Lichtbahn. Das Herzchakra atmet dieses strahlende goldene Hell ein, trinkt es, verleibt es sich ein, bis es schließlich selbst

ganz und gar aus dieser schimmernden goldenen Substanz

besteht. Je mehr es daraus besteht, und je mehr neue Strahlen hinzukommen, um so mehr beginnt es seinerseits zu leuchten und Strahlen auszusenden.

Es erfüllt zunächst Ihren physischen Körper ganz und gar mit diesem Licht. Alle Zellen, alle Poren, alle Organe, alle Knochen, alle Gelenke, alle Muskeln und Nerven – alles wird gespeist von dieser wundervollen golden-farbenen Substanz.

Spüren Sie schließlich, wie das goldene Licht aus Ihrer Haut heraustritt und einen strahlend schimmernden Lichtmantel um Sie herum bildet. Sie lassen ganz langsam die Hände zu den Knien heruntersinken und ruhen absolut still in dieser Lichthülle, die unaufhörlich von Ihrem eigenen Herzchakra gespeist wird.

Eine tiefe FREUDE überkommt Sie –
ein Bewußtsein von absolutem SEIN –
GLÜCKSELIGKEIT –

Indem Sie diese Gefühle in sich vertiefen, überkommt Sie ein großes Mitempfinden mit aller Kreatur, ein tiefes Mitgefühl mit allem. Ganz frei von persönlichen emotionalen Bindungen beginnen Sie nun, dieses tiefe Mitgefühl aus Ihrer spirituellen Herzmitte in die Welt hinauszusenden. Machen Sie sich gar keine Gedanken darum, wo dieses Strahlen hingeht und wo es ankommt. Senden Sie es einfach aus . . .

Üben Sie dies nicht zu lange. Ruhen Sie dann wieder still in dem, was Ihnen wurde.

Alle Geschöpfe suchen nach dem Glück.
Laß deshalb dein Mitleid alle umfassen.

(Buddha)

VISHUDA-CHAKRA
(Kehlkopfzentrum)

16 Blätter
hellblau
Halswirbel

Zentrum der Sprache, des Wortes
Verteilung schöpferischer Energie

Befreiung

»Dieses Chakra ist der Torweg der großen Befreiung«

(Shatchakra nirupana)

»Wer zur höchsten Vollendung seines Wesens gelangen will und zum Schatten Gottes, des höchsten Gutes, der muß ein Erkennen haben seiner selbst wie dessen, was über ihm ist, bis auf den Grund. So nur gelangt er zur höchsten Lauterkeit.«

(Meister Eckehart)

LAUTER LICHT

Setzen Sie sich in eine der Lotoshaltungen auf den Boden, oder setzen Sie sich, wenn Ihnen das nicht möglich ist, auf einen Stuhl. (Achten Sie dann darauf, daß Ihre Füße mit etwas Abstand voneinander parallel fest den Boden berühren.) Sitzen Sie so entspannt wie möglich, die Wirbelsäule jedoch locker aufgerichtet, die Hände auf den Knien.

Sammeln Sie sich nun eine kleine Weile auf sich selbst. Schließen Sie die Augen und wenden Sie den Blick nach innen. Treten Sie mit Ihrer wahren wirklichen Welt in Verbindung. Besinnen Sie sich auf sich. Spüren Sie, wie der Atem kommt und geht, ohne ihn jedoch beeinflussen zu wollen.

Konzentrieren Sie sich nun auf Ihr Kehlkopfchakra (am Eingang der Luftröhre in der Mittellinie des Vorderhalses, am sogenannten Adamsapfel). Lassen Sie dort Ihr Bewußtsein einfach eine Zeitlang ruhen. Gehen Sie hinein in ein tiefes inneres Gefühl von offener Wachheit.

Beginnen Sie nun langsam damit, mit diesem Zentrum gleichsam einzuatmen, als ob dort Ihre Nase wäre. Sie öffnen sich dort dem Atem, lassen ihn herein, führen ihn quer durch den Hals hindurch geradewegs nach hinten zu Ihrem 7. Halswirbel und lassen den Atem dort hinaus. Es ist so, als ob Sie den Wirbel nach hinten öffnen würden wie ein Fenster, um den Ausatem hinauszulassen.

Üben Sie so mit dem 7. Halswirbel einige Atemzüge lang. Dann machen Sie eine kleine Pause, um zu erleben, wie sich das jetzt anfühlt.

Erst dann arbeiten Sie auf die gleiche Weise, nun mit dem 6. Halswirbel, weiter: Sie öffnen Ihr Kehlkopfchakra, lassen den Atem einströmen, führen ihn durch den Hals zum 6. Wirbel. Dort lassen Sie den Atem durch den im Bewußtsein nach hinten geöffneten Wirbel hinausströmen.

Wieder machen Sie eine kleine Pause, in der der Atem kommen und gehen kann, wie er will. Dann arbeiten Sie den 5. Halswirbel durch und so fort, bis Sie alle 7 Halswirbel auf dieselbe Weise in Ihr Bewußtsein gebracht haben.

Danach sitzen Sie einfach eine Weile still und vertiefen Ihre Erfahrungen. Vielleicht spüren Sie, daß Ihr ganzes Halsgebiet leicht und sehr weit ist, ohne irgendeine Verspannung, ganz frei und schwerelos.

Nach einer Weile können Sie zum Schluß der Übung noch versuchen, noch einmal über das Kehlkopfchakra einzuatmen, den Atem in die Halswirbelsäule zu leiten und von dort weiter nach unten in die Brustwirbelsäule
zur Lendenwirbelsäule
zum Kreuzbein
zum Steißbein.
Sie tanken gleichsam an der Quelle des Lebens Energie auf und leiten sie hinab wie einen Strom von lichter fließender Essenz bis zum Ende Ihrer Wirbelsäule. Sie spüren, wie die einzelnen Wirbel diese Essenz aufsaugen, sich einverleiben. Und Sie spüren, wie am Steißbein die noch verbleibende Energie sich ausbreitet wie ein Lichterkranz.

Vielleicht spüren Sie eine ganze Welt aus lauter Licht, und Sie tauchen dort tief hinein, um ganz und gar aus Licht zu sein . . .

OFFENE WEITE

Setzen Sie sich in eine der Lotoshaltungen auf den Boden, oder setzen Sie sich, wenn Ihnen das nicht möglich ist, auf einen Stuhl. (Achten Sie dann darauf, daß Ihre Füße mit etwas Abstand voneinander parallel fest den Boden berühren.) Sitzen Sie so entspannt wie möglich, die Wirbelsäule jedoch locker aufgerichtet, die Hände auf den Knien.

Sammeln Sie sich nun eine kleine Weile auf sich selbst. Schließen Sie die Augen und wenden Sie den Blick nach innen. Treten Sie mit Ihrer wahren wirklichen Welt in Verbindung. Besinnen Sie sich auf sich. Spüren Sie, wie der Atem kommt und geht, ohne ihn jedoch beeinflussen zu wollen.

Konzentrieren Sie sich nun auf Ihr Kehlkopfchakra. Lassen Sie dort Ihr Bewußtsein einfach eine Zeitlang ruhen. Gehen Sie hinein in ein tiefes inneres Gefühl von offener Wachheit.

Nehmen Sie nun ganz langsam die Hände so hoch, daß

> die linke Hand bei abgespreiztem Daumen 1–2 cm vor dem Kehlkopf ist (also ohne die Haut zu berühren),
>
> während Sie die rechte Hand in den Nacken (also auf die 7 Halswirbel)

legen. Die Handinnenflächen »schauen« einander durch den Hals sozusagen an.

Spüren Sie, daß die Hände an diesen beiden Stellen sind. Erleben Sie den Kontakt der rechten Hand an den Halswirbeln. Und nehmen Sie auch die Ausstrahlung der linken Hand auf den Kehlkopf wahr.

Spüren Sie, wie der Atem dorthin strömt. Und spüren Sie sich ein in den Raum zwischen Ihren beiden Händen. Ihr Bewußtsein flutet gleichsam im ganzen Halsraum, von der einen Hand zur anderen.

Stellen Sie sich nun vor, daß Sie an den beiden Stellen, wo die Hände sind, einatmen möchten. Dazu verläßt die rechte Hand die Halswirbel und begibt sich im Einatmen in die Aura hinein, die linke Hand geht ebenfalls weiter in die Aura. Beide Hände »befreien« die Haut, damit sie besser den Atem einlassen kann. Im Ausatem gehen die Hände wie von selbst wieder näher an den physischen Körper heran, ohne ihn jedoch zu berühren.

Sie atmen nun auf diese Weise eine kleine Weile in den weiten Raum hinein, der sich zwischen den beiden Händen ergibt. Für den Anfang sollten Sie das nur wenige Atemzüge üben, da es leicht zuviel werden kann. Spüren Sie selbst, wann es für Sie genug ist.

Lassen Sie dann die Hände in der weitesten Entfernung, die Sie erreicht haben, weiterhin schweben. Geben Sie das bewußte Atemholen auf und seien Sie einfach

in dieser offenen Weite,
in dieser Unbegrenztheit,
in dieser Grenzenlosigkeit.

Lassen Sie zum Schluß die Hände auf die Knie sinken und ruhen still und glücklich in dem, was Ihnen wurde.

SPRACHE DES HERZENS

Diese Übung können Sie
im Liegen (mit Vorübung des Lassens zum Boden hin),
im Sitzen (am Boden oder auf einem Stuhl) oder
im Stehen (einfach sich auf den Hara und die Füße am Boden besinnen)
erarbeiten. Sie könnte vor allem all denen hilfreich sein, die in lehrender oder sonst verantwortlicher Tätigkeit viel mit anderen Menschen zu tun haben, und die dadurch immer in der Gefährdung stehen, Macht über diese ihnen anvertrauten Menschen auszuüben.

Legen Sie sich auf den Boden und versuchen Sie, sich ganz loszulassen. Alle Verspannungen, alles Verhaften, alle Gedanken, alles Wollen und Wünschen fließen von Ihnen ab, abwärts zum Boden hin.

Sie lassen den Kopf los, das Gesicht, die Kiefer
den Hals, die Halswirbel
die Schultern, Schulterblätter
die Arme und Hände
den ganzen Oberkörper, die Wirbelsäule
das Becken
die Beine und Füße.

Sie ruhen nun still, gelöst, in offener, ruhevoller Wachheit. Vertiefen Sie das Gefühl von

einfach nur DA SEIN –
ohne Wollen und Wünschen –
Körper, Seele und Geist ganz weit geöffnet.

Besinnen Sie sich nun auf Ihr Kehlkopfchakra. Lassen Sie einfach Ihr Bewußtsein dort eine kleine Weile ruhen.

Gehen Sie dann noch tiefer in das Fühlen dort hinein.
Wie empfinde ich dieses Chakra?
Ist es weit, geöffnet und frei?
Oder geschlossen, zu, verspannt?

Lassen Sie nun all dieses fühlende Fragen sein und verweilen eine kleine Weile in Ihrem Kehlkopfchakra, ohne irgend etwas zu denken. Seien Sie einfach nur dort und lassen Sie diesen Raum durch Ihr Bewußtsein

gelöst, weit und hell werden.

Vertiefen Sie dies, indem Sie das Chakra nach vorne gleichsam öffnen und kosmische Energie hereinlassen: eine feinstoffliche, unendlich wirksame Essenz, die Ihnen Weite, Helligkeit und Gelöstheit bringt. Vielleicht möchten Sie diese Essenz in ein

helles Blau

einfärben (so hellblau wie der Himmel manchmal ist) oder auch in eine andere helle Farbe, die Ihnen gerade »zufällt«. Üben Sie dies eine kleine Weile.

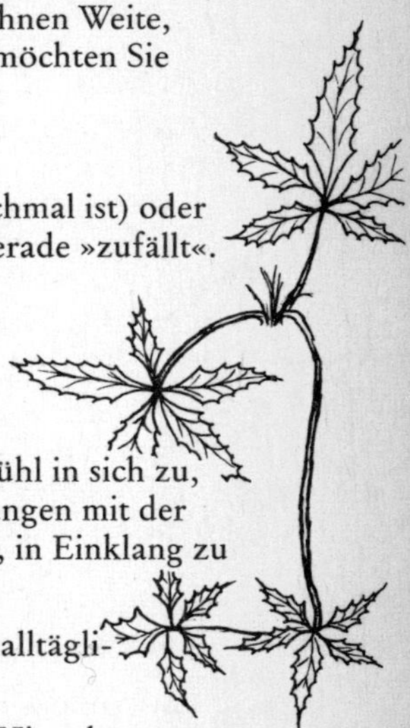

Lassen Sie dann den Gedanken und das Gefühl in sich zu, daß sie hier sind, um diese inneren Erfahrungen mit der äußeren Welt, in der Sie leben, in Harmonie, in Einklang zu bringen.

Kann ich diese helle Weite in meinem alltäglichen Dasein verwirklichen?

Kann ich den WEG des Dienens, der Hingabe und der Demut gehen?

Gehen Sie nun dazu über, zusammen mit der feinstofflichen Essenz, mit der hellen Weite die KRAFT einzulassen, die Sie in Ihrem täglichen Leben brauchen, um demütige Hingabe und ehrfürchtiges Dienen zu verwirklichen. Lassen Sie sie hereinströmen

bis in Ihren tiefsten innersten Seelengrund.

Erfüllen Sie diesen Seelengrund mit demütiger Hingabe und ehrfürchtigem Dienen.

Ruhen Sie still und glücklich in der Gewißheit, daß Sie in Ihrem Alltag die Sprache Ihres Herzens sprechen wollen.

AJNA-CHAKRA
(Stirnzentrum)

96 Blätter
(2 × 48, deshalb manchmal auch der
2blättrige Lotos genannt)
indigo

Das »dritte Auge«
Inneres Auge
»Das Auge Gottes«

Zentrum der Erkenntnis und der Wachheit
Einsichten in die geistige Welt
Integrierte Persönlichkeit

Buddha zu seinen Schülern:
»Wach sein, ihr Mönche, ist alles«.

STROM DER LEBENSKRAFT

Spüren Sie sich am Boden liegen:
den Kopf
den Hals
die Schultern
die Arme und Hände
den ganzen Rücken
das Becken
und die Beine.
Eine kleine Weile liegen Sie dann da und beobachten Ihren Atem. Sie schauen ihm einfach so zu, ohne irgend etwas dazu zu tun oder ihn gar zu forcieren.

Ruhen Sie dann in der Stille und in der gelösten Wachheit, die aus dieser Übung entstanden ist.

Nun sammeln Sie sich auf Ihr Stirnchakra. Sie tun nichts, als daß Sie Ihr Bewußtsein dorthin legen. Nach einer Weile beginnen Sie damit, das Stirnchakra gleichsam aufzutun. Sie lassen den Kopf ruhen und machen nur das Chakra auf, um den Atem gleich einer Woge von großer Energie hereinzulassen. Sie fließt in den Kopf und strömt zu allen Organen, die durchflutet und dadurch gestärkt werden. Eine vollkommene Harmonie breitet sich im ganzen Kopf aus.

Darauf legen Sie die Sammlung auf das Kehlkopfzentrum. Wieder lassen Sie das Bewußtsein eine kleine Weile dort ruhen, ohne irgend etwas zu tun. Dann öffnen Sie sich auch dort und atmen ein, als ob an dieser Stelle Ihre Nase wäre. Der Atem strömt ein, gleich einer heilenden Energie, durchflutet die 7 Halswirbel und strömt in den ganzen Hals hinein und in alle Organe, die dort sind. Tauchen Sie ganz hinein in dieses Strömen und in das Bewußtsein, daß alles durch diesen heilenden Energiestrom in Ordnung gebracht wird.

Nun legen Sie Ihr Bewußtsein auf Ihre spirituelle Herzmitte, auf das Herzchakra (ungefähr in der Mitte des Brustbeines). Sie tun sich dort auf, um die heilende Energie gleich einem großen warmen Strom hereinzulassen. Er breitet sich im ganzen Brustraum aus, fließt zu den Brustwirbeln hin, durch alle Rippen hindurch und speist und stärkt alle Organe, die sich im Brustraum befinden.

Dann sammeln Sie sich auf das Solarplexuszentrum und erleben auch dort die Öffnung für die heilende Energie. Gehen Sie ganz hinein in das Fließen eines goldenen heilenden Stromes und spüren Sie, wie dieser Strom sich im gesamten Oberbauchraum ausbreitet, zu allen Organen hinfließt und sie stärkt und harmonisiert.

Jetzt legen Sie Ihr Bewußtsein auf die untersten beiden Chakren, auf das Haragebiet (unterhalb des Nabels). Sie öffnen sich auch dort und lassen die heilende Energie wie einen warmen wohligen Strom herein in Ihren Unterbauch. Sie spüren, wie dieser Energiestrom zu allen Organen des Unterleibes hinfließt, sie durchströmt und dort Kraft, Ruhe und Harmonie hinterläßt.

Wenn Sie so weit im Üben gekommen sind, sammeln Sie sich auf das Ganze: Sie tauchen hinein in diesen wundervollen Strom, in diese wundervolle innere Bewegtheit. Hier und jetzt sind Sie da, durchflutet und durchströmt von dieser heilenden Energie. Es ist, als ob Sie an die Quelle aller Kraft, allen Lebens angeschlossen wären. Geben Sie sich dem ganz und gar hin.

UMWANDLUNG

Diese Übung kann sowohl im Sitzen als auch im Liegen oder Stehen gemacht werden. Probieren Sie aus, in welcher Weise sie Ihnen am besten gelingt.

Setzen Sie sich in eine der Lotoshaltungen auf den Boden oder, wenn Ihnen das nicht möglich ist, auf einen Stuhl. (Achten Sie dann darauf, daß die Füße mit etwas Abstand voneinander parallel fest den Boden berühren.) Seien Sie so entspannt wie möglich, die Wirbelsäule jedoch locker aufgerichtet, die Hände auf den Knien.

Sammeln Sie sich nun eine kleine Weile auf sich selbst. Schließen Sie die Augen und wenden Sie den Blick nach innen. Spüren Sie, wie der Atem kommt und geht, ohne ihn jedoch beeinflussen zu wollen.

Legen Sie nun Ihr Bewußtsein auf die Stelle Ihres Körpers, wo Sie Schwierigkeiten haben. Das können Verspannungen sein, Schmerzen, Krankheit oder einfach ein Unwohlsein. Bleiben Sie in Gedanken eine kleine Weile dort und seien Sie sich im klaren darüber, was Sie dort los werden möchten.

Dann sammeln Sie sich auf Ihre Nase und auf Ihr Stirnchakra. Sie spüren, wie dort heilende kosmische Energie einströmt, die wie ein reines, schneeweißes Licht schimmert.

Dieses reine schneeweiße Licht strömt durch Ihren Körper an die Stelle, wo es am dringendsten gebraucht wird. Dort »wäscht« es gleichsam alles fort, was Ihnen Verspannungen, Schmerzen oder Krankheit verursacht. In Ihrer bildlichen Vorstellung bricht dies alles gleichsam aus der Haut hinaus wie dunkle Wolken oder wie schmutzig-dunkles Wasser.

Sie üben das nun eine kleine Weile: Durch die Nase und durch das Stirnchakra strömt unaufhörlich ein starker Strom kosmischer weißer Heilungsenergie und drängt all das Dunkle, Kranke, Ungeordnete, Chaotische aus Ihnen heraus . . .

Fahren Sie mit diesem Üben solange fort, bis Sie merken, wie die dunklen Wolken oder das dunkel-schmutzige Wasser langsam heller werden. Die Farbe des »Ausgestoßenen« wechselt langsam von schmutzigem Dunkel über Grau zu helleren Tönen, bis sie schließlich genauso

strahlend hell und rein und vollkommen weiß

ist wie das Licht, das durch Ihre Nase und durch Ihr Stirnchakra hereinströmt.

Geben Sie dann die Absicht des bewußten Hereinnehmens der kosmischen Energie auf und verweilen dort, wo das Licht nun in vollkommener Reinheit erstrahlt. Verweilen Sie einige Zeit mit diesem reinen Weiß, das strahlend schimmert, an der betroffenen Stelle. Lassen Sie es sich dann ausbreiten wie einen Strahlenkranz in Ihren ganzen Körper hinein, in Ihre Seele und in Ihren Geist.

Gehen Sie tief in das Gefühl hinein, daß Sie in absoluter und vollkommener Reinheit von innen her strahlen. Aus diesem weißen Glühen erwächst Ihnen, je länger Sie darin verweilen, eine große Erkenntnis über alles, was für Sie in Ihrer momentanen Entwicklung wichtig ist. Es ist, als ob Sie mit dem Auge des Universums alles klar sehen, in reinem vollkommen weißen Licht.

Mögen alle Lebewesen,
die an vielerlei Dinge gebunden sind,
in Ruhe und Stille bleiben
und in Ewigkeit in Frieden leben.

WEG DER LIEBE

Legen Sie sich auf den Boden und versuchen Sie, sich ganz loszulassen. Alle Verspannungen, alles Festhalten, alles Wollen und Wünschen fließt von Ihnen ab. Lassen Sie
Ihren Kopf los, das Gesicht, den Kiefer,
Ihren Hals, die Halswirbel,
Ihre Schultern, Arme und Hände,
den ganzen Oberkörper, die Wirbelsäule,
das Becken, vor allem das Kreuzbein
und Ihre Beine.

Ruhen Sie ganz still: Körper, Seele und Geist gleichermaßen gelöst und weit offen für alle Erfahrungen. Tauchen Sie hinein in das Geheimnis des Augenblicks, das Sie lehren will.

Stellen Sie sich nun ein auf Ihr Stirnchakra. Lassen Sie eine Weile Ihr ganzes Bewußtsein, Ihr Denken und Fühlen dort ruhen.

Beginnen Sie nun, dieses innere Auge

klarer

einzustellen. Versuchen Sie, den Nebel, der davor ist, zu durchdringen. Versuchen Sie, den Schleier des Nicht-Erkennens hinwegzuziehen.

Beginnen Sie, Ihr geistiges Auge gleichsam auf eine sanfte und doch eindringliche Weise einzustellen

auf Ihr Leben

so wie man ein Fernrohr auf einen Punkt einstellt. Versuchen Sie, die Einstellung absolut klar zu erhalten.

Schauen Sie dann, wenn der Nebel durchdrungen ist, Ihr Leben, sich selbst, absolut emotionslos, ganz und gar ohne Bewertung oder Selbstmitleid an. Stellen Sie sich Fragen wie

> Was gibt es da, was mich daran hindert,
> wirklich ich SELBST zu sein?
>
> Habe ich Groll oder Haß gegen irgend etwas,
> gegen irgend jemand?

Was steht mir auf meinem WEG zur Vollkommenheit am meisten im Wege?

Gebe ich genug LIEBE?

Wenn Sie diese Fragen und Antworten klar genug vor Ihrem geistigen Auge haben, geben Sie alles Fragen und Suchen vollständig auf. Gleiten Sie in Denken und Fühlen nun hinein in ein ruhiges tiefblaues Gewässer – ruhen Sie sich gleichsam aus. Bleiben Sie in diesem sanften blauen ruhigen Bad solange, wie Sie es nötig haben und solange, bis Sie die Kraft geschöpft haben, mit der Übung fortzufahren.

Stellen Sie sich wiederum ein auf Ihr geistiges Auge. Versuchen Sie noch einmal, den Nebel davor zu durchdringen, den Schleier zu zerreißen. Schauen Sie wiederum mit diesem klar sehenden, absolut alles durchdringenden Auge auf sich und auf Ihr Leben.

Sehen Sie sich nun, vielleicht noch ganz ferne, aber klar, als jemand, der auf dem WEG ist. Sehen Sie sich, wie Sie selbst alle Steine, die dort sind, alle Hindernisse wegräumen, um weitergehen zu können.

Sehen Sie, daß Sie dies in Achtsamkeit, in Ehrfurcht und in Liebe tun. Allem, was Ihnen begegnet, begegnen Sie in dieser Grundeinstellung der ACHTSAMKEIT
der EHRFURCHT und
der LIEBE.

Sehen Sie sich selbst in einem wundervollen hellen Licht in der Farbe, die Ihnen gerade jetzt »zufällt«. Sehen Sie sich von innen her leuchten und zugleich ganz von diesem Licht umhüllt. Sehen Sie, wie alles, was Ihnen begegnet, von Ihnen und Ihrem Licht angeleuchtet wird. Sehen Sie sich
DEN WEG DER LIEBE
gehen. Sehen Sie sich in absoluter Schönheit und in absolutem Seelenfrieden.

Geben Sie nun jegliches Schauen auf. Ruhen Sie lange Zeit still und dankbar in dem, was Ihnen wurde.

SAHASRARA-CHAKRA
(Scheitelzentrum)

1000 Blätter als Sinnbild des Unendlichen und der Vollendung
lila-violett

Bewußtsein des Absoluten
Reines Sein
Höchste Erkenntnis
Absolute Freiheit
Samadhi oder Satori
Der erleuchtete Mensch

»Wenn die Seele das Eine findet, in dem alles eins ist, bleibt sie in dem Einen.«

(Meister Eckehart)

LICHTFÜLLE DES SEINS

Diese Übung können Sie am besten im Liegen ausführen. Sie sollten sich jedoch eine halbe Stunde Zeit dazu gönnen.

Legen Sie sich auf eine warme Decke an einen möglichst stillen Ort. Seien Sie sicher, daß Sie niemand stört. Dann gehen Sie einfach ein paar Minuten in das Gefühl hinein,

DA zu SEIN.

Spüren Sie dann Ihren Kopf am Boden liegen. Versuchen Sie, ihn noch mehr loszulassen. Stellen Sie sich vor, daß Sie ihn ganz dem Boden anheim geben. Alle Spannungen fließen ab in den Boden, alle Gedanken dazu. Seien Sie einfach ganz leer.

Sammeln Sie sich dann auf Ihren Hals. Lassen Sie ihn auch, obwohl er Abstand vom Boden hat, dorthin sinken. Stellen Sie sich vor, daß die Halshaut und die Halswirbel den Abstand zum Boden durchfühlen, um sich dort gleichsam auszuruhen.

Gehen Sie dann mit Ihrem Bewußtsein an Ihre Schultern. Lassen Sie sie einfach los. Alle Verspannungen, die Sie vielleicht fühlen oder von denen Sie wissen, lösen sich. Alle Pakete, die Sie vielleicht auf den Schultern tragen, alle Sorgen, alle Ängste, einfach alles – geben Sie es ab.

Auch Ihre Arme und Hände lassen Sie noch mehr zum Boden sinken. Sie sind ganz gelöst und doch wach und lebendig.

Lassen Sie dann auch Ihren ganzen Rücken los. Alle Verspannungen dürfen zum Boden abfließen. Auch die Wirbelsäule darf zum Boden sinken. Vielleicht können Sie Wirbel für Wirbel Ihrer 12 Brustwirbel bewußt auf den Boden ablegen und auch die 5 Lendenwirbel. Spüren Sie dann, wie Ihr ganzer Rücken breit und gelöst und frei auf dem Boden ruht.

Jetzt sind Sie bei Ihrem Becken angelangt. Spüren Sie es am Boden. Lassen Sie Ihr Kreuzbein mehr und mehr sinken. Vertiefen Sie das Gefühl in sich, daß das Becken

Ihre MITTE

ist. Genießen Sie es, in Ihrer Mitte zu sein, einfach so, ohne irgend etwas zu wollen oder zu wünschen.

Spüren Sie dann, wie aus Ihrer Mitte heraus Ihre Beine am Boden liegen. Lassen Sie sie noch mehr sinken. Geben Sie alle Verspannungen ab, die Sie vielleicht irgendwo spüren. Legen Sie Ihr Bewußtsein einige Augenblicke auf Ihre Fersen und spüren Sie dann Ihre Fußsohlen und die 10 Zehen.

Nun ruhen Sie eine Weile still und friedlich. Geben Sie sich einfach dieser Stille und diesem Frieden hin . . .

(Bis hierher dauert die Übung ungefähr eine knappe Viertelstunde. Wenn Sie nur soviel Zeit zur Verfügung haben, dann dehnen und strecken Sie sich und gehen voller Frische an Ihr Tagwerk. Haben Sie mehr Zeit, so vertiefen Sie sich in die nachfolgende Übung, machen diese jedoch nicht allein, also ohne Vorübung.)

Sammeln Sie sich nun auf Ihr Steißbein. Es ist das Ende der Wirbelsäule. Konzentrieren Sie sich leicht auf die Spitze des Knochens und lassen Sie dort durch Ihre Hinsammlung

ein rotes Licht

entstehen. Zuerst ist es vielleicht nur wie ein roter Punkt, von dem das rote Licht dann ausgeht. Es breitet sich aus im ganzen unteren Becken, am Beckenboden, fließt in die beiden Hüftgelenke links und rechts und von dort hinunter in das rechte Bein, in das linke Bein, in die Füße und Zehen. Überall, wo das rote Licht hinfließt, bringt es eine wohlige Wärme, eine ganz wundervolle Lösung und das Gefühl von Heil-Sein. Geben Sie sich diesen Gefühlen einige Zeit völlig hin.

Lenken Sie dann Ihr Bewußtsein auf Ihr Kreuzbein. Legen Sie einfach Ihre Sammlung auf die Innenseite des Knochens, auf die Seite, die nach innen in den Bauchraum schaut. Lassen Sie dort durch Ihre Sammlung langsam

ein orange-farbenes Licht

entstehen. Dieses Licht strömt gleichsam vom Kreuzbein aus und fließt in den ganzen Bauch-Becken-Raum hinein. Und wo es hinkommt, bringt es Wärme, Entspannung und verhilft Ihren Beckenorganen zu vollkommener Harmonie. Verweilen Sie ein wenig in diesem Fühlen.

Wenden Sie sich dann Ihren 5 Lendenwirbeln zu. Lassen Sie Ihr Bewußtsein einige Augenblicke auf ihnen ruhen und schauen Sie dann zu, wie dort langsam

ein warmes goldgelbes Licht

entsteht, so warm und gelb wie die Sonne. Dieses Sonnenlicht breitet sich langsam im ganzen Oberbauchraum aus. Überall, wo es hinkommt, bringt es ein Gefühl von Wohlbehagen, Wärme und Sonnendurchströmtsein. Alle Organe im Oberbauch bekommen dadurch viel Kraft zum ausgeglichenen harmonischen Arbeiten. Auch hier verweilen Sie einige Zeit.

Nun wenden Sie sich Ihren Brustwirbeln zu. Es ist das längste Stück in der Wirbelsäule, und Sie haben vielleicht ein wenig Mühe, alle 12 Brustwirbel ganz ins Bewußte zu heben. Lassen Sie sich Zeit dazu. Spüren Sie dann, wie durch Ihre Sammlung dort langsam

ein grünes Licht

entsteht. Es ist kein dunkles, sondern ein lichtes Grün, so wie es entsteht, wenn die Sonne durch grüne Blätter scheint. Stellen Sie sich das intensiv vor. Lassen Sie dann langsam das grüne Licht sich in Ihrem ganzen Oberkörper verbreiten. Lassen Sie es überall fluten. Vielleicht mag es auch ein wenig zu Ihrem Herzen hinströmen. Lassen Sie es zu, aber achten Sie darauf, daß Sie sich dabei ganz wohl fühlen. Wenn nicht, dann lassen Sie es einfach sein. Das grüne Licht strömt auch über die Schultern und Schultergelenke in Ihre Arme und Hände und Finger. Sie spüren, wie Ihr Oberkörper, Arme und Hände in eine große Harmonie gelangen. Bleiben Sie so ein wenig, bevor Sie weitergehen.

Legen Sie nun Ihr Bewußtsein auf Ihre Halswirbel und lassen Sie es dort ein wenig ruhen. Spüren Sie dann, wie durch Ihre Sammlung aus den 7 Halswirbeln langsam

ein hellblaues Licht

entsteht. Es fließt aus den Wirbeln und strömt in Ihre Kehle. Und es macht Sie dort licht und weit, so weit wie der Himmel. Gehen Sie ganz in das Gefühl von hellblauer Weite hinein. Genießen Sie es, daß es dort, wo sonst mehr oder weniger Enge herrscht, einmal ganz weit sein darf. Geben Sie sich dem einige Zeit hin.

Wenden Sie sich dann Ihrem Stirnchakra zu. Lassen Sie dort Ihr Bewußtsein eine kleine Weile ruhen. Fühlen Sie dann, wie dort ein

sanft dunkelblaues Licht

entsteht, so sanft dunkelblau wie die samtene Bläue eines Stiefmütterchens oder eines Veilchens. Das Licht strömt an dieser Stelle heraus und fließt über Ihre Stirn. Es glättet sie gleichsam und nimmt Ihnen dort alles weg, was Sie stört: all die vielen Gedanken, Vorstellungen, Wünsche und alles, was Sie hindert, Sie selbst zu sein.
Das Licht fließt dann wie ein sanfter Schleier über Ihre Augen. Es bedeckt die Augenlider und läßt dort die stärkende Kraft für die Augen hineinfließen.
Das Licht strömt dann über Ihre Nase und macht sie ganz frei. Es ist fast so, als ob Sie dieses sanfte blaue Licht »riechen« könnten.
Dann strömt es über Ihre Wangen und nimmt dort alles Verspanntsein mit sich, fließt zum Mund, der sich durch das Blau so lösen kann, daß er nur noch ganz leicht und sanft geschlossen ist. Das blaue Licht fließt dann über das Kinn nach rechts und links zu den Kiefergelenken und macht sie ganz frei und weit. Und schließlich gelangt es zu Ihren Oh-

ren, und indem es dort ist, meinen Sie fast, daß Sie das blaue Licht »hören« können. Verweilen Sie auch hier ein wenig und vertiefen Sie alle Gefühle, die in Ihnen aufsteigen.

Nun wenden Sie sich Ihrem Scheitelzentrum zu. Schauen, fühlen und spüren Sie, wie dort langsam

ein violettes Licht

entsteht. Es kommt gleichsam aus Ihrem Scheitelzentrum heraus wie Wasser aus einer Fontäne. Lassen Sie es ein Violett sein, das Sie in seinem Farbton anspricht. Dieses violette Licht strömt langsam über Ihren ganzen Kopf. Es hüllt ihn gleichsam ein und legt sich sanft auf das dunkle Blau;
das Licht fließt weiter nach unten und hüllt Ihren hellblauen Hals ein;
es strömt über den grünen Oberkörper, über Arme und Hände;
über das sonnengelbe Sonnengeflecht;
über das orangefarbene Becken und die roten Beine.

Ruhen Sie nun ganz still und friedlich in dieser violetten Lichthülle. Lassen Sie sich viel Zeit . . .

HEIL-SEIN

Die nachfolgenden beiden Übungen, die vom Scheitelchakra ausgehen, sollten Sie nur machen, wenn Sie das ganze Buch schon gut durchgearbeitet haben. Sie sollten sicher sein, daß Sie rechtzeitig bemerken, wenn durch die Arbeit mit diesem Chakra zuviel von Ihnen in Bewegung kommen sollte. Dann brechen Sie die Übung ab und begeben Sie sich in Ihren Hara.

Die erste der beiden Übungen hat einen mehr körperlichen Aspekt, die zweite einen mehr seelisch-geistigen.

Setzen Sie sich in eine der Lotoshaltungen auf den Boden. Ziehen Sie alle Sinne von der äußeren Welt ab. Sammeln Sie sich in Ihrem Hara. Nehmen Sie dort den Atem wahr, ohne ihn im mindesten beeinflussen zu wollen.

In dieser gesammelten Haltung bleiben Sie solange, wie es Ihnen nötig erscheint. Seien Sie ganz und gar leer, ohne Wollen und Wünschen: ruhevoll wach, klar, offen.

Sammeln Sie sich in Ihrem Körper nun auf die Stelle oder auf das Organ, wo Sie am meisten Schwierigkeiten haben. Konzentrieren Sie dort Ihr reines Bewußtsein. Werden Sie sich klar darüber, was Sie hier bereinigen und ordnen möchten. Es mag sein, daß allein durch die Hinlenkung Ihres Bewußtseins auf diese Stelle die Unordnung, die Störung, das Chaos dort sich schon etwas ordnet, und der Raum lichter und freier wird.

Vielleicht stellen Sie sich das so vor:

> Diese Stelle in meinem Körper bereitet sich nun vor, öffnet sich gleichsam für die heilende Energie, die ihr jetzt gleich geschickt wird.
>
> Alle Zellen in meinem kranken Organ sind voll

von Sehnsucht nach Heilung, nach Ordnung, nach Umwandlung.

Nach einer Weile dieses Übens stellen Sie sich ein auf Ihr Scheitelchakra. Sie versuchen, dies demütig zu tun, voller Ehrfurcht und in der tiefen Gewißheit, daß Sie hier das Tor öffnen können

zum ALL-HEILEN, zur VOLLKOMMENEN ORDNUNG, zum WASSER DES LEBENS, zum EINEN.

Indem Sie dieses Chakra öffnen, ist es Ihnen, als ob Sie eine heilige Stätte betreten. Ganz langsam lassen Sie Ihr Chakra sich entfalten. Vielleicht hilft Ihnen dabei die Vorstellung, daß dieses Chakra von hellsichtigen Menschen als der 1000blättrige Lotos erfahren wird. Sie können also, ganz langsam zuerst, Blättchen für Blättchen einer unendlich vielblättrigen Blüte öffnen, eines nach dem anderen, bis zu einer solchen Vielzahl von Blumenblättern, daß Sie sie nicht mehr zählen können und wollen.

Der Kelch der Blume ist dann weit geöffnet. Und hier hinein strömt nun die geistige Kraft. Sie brauchen gar nichts mehr zu tun als einfach

offen zu sein für DAS HEILE.

Es fließt gleich einem mächtigen Strom von unendlicher Energie: ein dunkelblau bis zartlila Strom gießt sich von selbst hinein und strömt von dort durch Ihren Körper hindurch in das Organ, das diesen heilenden Strom ersehnt.

Das Organ nimmt ihn gleichsam auf wie ein Dürstender das rettende Wasser. Lassen Sie alle Ihre Zellen in dem kranken Organ dieses Wasser des Lebens trinken und sich einverleiben. Stellen Sie sich intensiv vor, wie dadurch die schwachen Zellen sich kräftigen und wie die kranken gesund werden.

Nun lassen Sie diese wundervolle Heilenergie sich dunkelblau bis zartlila in Ihrem ganzen Körper ausbreiten. Sie begleiten diesen Heilstrom mit Ihrem Bewußtsein und sehen vor sich, wie alle Ihre Organe die Kraft bekommen, in vollkommener Harmonie zu arbeiten. Ein tief inneres Gefühl von

absoluter Gesundheit

durchdringt Sie und macht Sie sehr heiter und glücklich.

Dann lassen Sie nach einiger Zeit zu, wie aus diesen tiefen Gefühlen heraus eine große Dankbarkeit entsteht. Lassen Sie diese Dankbarkeit sich ausbreiten in Ihnen, wie eine große Woge von Energie.

Gehen Sie dann in diesem heiteren Glück, in dieser großen Dankbarkeit wieder an Ihr alltägliches Werk und versuchen Sie, dieses Alltägliche mit dem Ihnen Gewordenen in Einklang zu bringen.

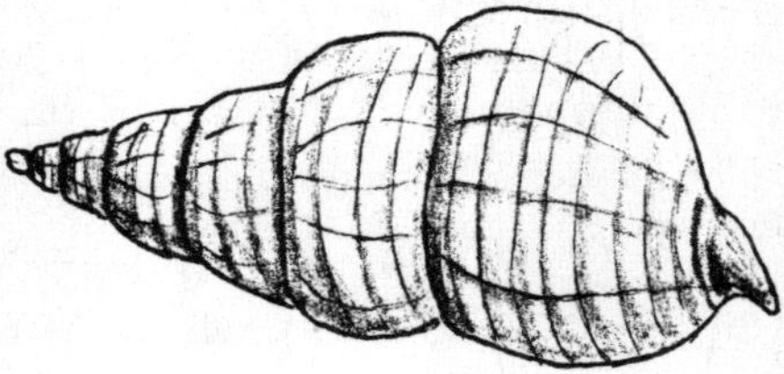

VOLLKOMMENHEIT

Setzen Sie sich in eine der Lotoshaltungen auf den Boden. Ziehen Sie alle Sinne von der äußeren Welt ab. Sammeln Sie sich in Ihrem Hara. Nehmen Sie dort den Atem wahr, ohne ihn im mindesten beeinflussen zu wollen.

In dieser gesammelten Haltung bleiben Sie solange, wie es Ihnen nötig erscheint. Seien Sie ganz und gar leer, ohne Wollen und Wünschen: ruhevoll wach, klar, offen.

Sammeln Sie sich nun im Innersten Ihrer Seele. Schauen Sie ohne emotionale Beteiligung auf sich selbst so wie auf irgend jemand, der auf dem WEG ist hin zu seiner Vollkommenheit, zu seiner Vollendung. Erkennen Sie klar und deutlich, welche Hindernisse es in Ihnen selbst auf diesem Weg gibt.

Können Sie sich selbst vielleicht nicht genug lassen?
Sind Sie manchmal anmaßend (nicht demütig genug)?
Sorgen Sie sich zuviel um die Dinge dieser Welt?
Sorgen Sie sich überhaupt zuviel, z. B. um Menschen, die Sie lieben?
Nehmen Sie sich zu wichtig?
Fühlen Sie sich abhängig von irgend etwas, von irgend jemand?
Sind Sie ungeduldig?
Geben Sie zu wenig Liebe?
Können Sie zu sich und zu Ihrem Leben nicht JA sagen?
Sind Sie zu aktiv (zu passiv)?
Denken Sie oft negativ?
Reden Sie zuviel (auch über andere)?
Sind Sie nicht genug erfahr- und lernbereit?

Erforschen Sie sich, weit über diese Beispiele hinaus. Legen Sie vor sich selbst Ihr größtes Hindernis auf dem geistigen Weg ohne Beschönigung bloß. Erkennen Sie es ohne Selbstmitleid, ohne Bewertung, in größter Ehrlichkeit und Offenheit.

Versuchen Sie auch zu erkennen, ob Sie dieses Hindernis wirklich aus dem Weg räumen wollen. Vielleicht werden Sie erspüren, daß Sie das eine oder andere gar nicht lassen wollen, sei es, weil es Ihnen gelegentlich nützlich ist (um sich dahinter zu verstecken), oder weil Sie es tief in Ihrem Innern zu sehr lieben.

Erkennen Sie auch, daß all dies aus dem Ego heraus entsteht. Erkennen Sie, daß es letztlich ihr ICH ist, das Ihrem SELBST im Wege steht. Gehen Sie tief in das Wort von Laotse hinein:

> Der Grund, warum ich großes Übel leide,
> ist, daß ich ein ICH habe.
> Hätte ich kein ICH, welches Übel gäbe es dann noch?

Lassen Sie dann alles Forschen und alles Fragen sein. Lassen Sie es zu, daß in Ihnen eine

> tiefe grenzenlose Sehnsucht nach Ihrem Wahren Selbst erwacht, nach Vollkommenheit, nach Vollendung.

Lassen Sie diese tiefe Sehnsucht sich ausbreiten in Ihrem ganzen Gemüt, in Herz und Sinn. Lassen Sie sich ganz und gar davon erfüllen. Lassen Sie jeden Aspekt Ihres Seins

Sehnsucht nach Vollkommenheit

sein. Verharren Sie einige Zeit in dieser Sehnsucht.

Schließlich stellen Sie sich auf Ihr Scheitelchakra ein. Versuchen Sie, dies demütig zu tun, voller Ehrfurcht und in der tiefen Gewißheit, daß Sie eben hier das Tor öffnen

> zu einer neuen Dimension des Verstehens
> zu der Wahren Welt
> zur Vollkommenheit
> zur Vollendung.

Ganz langsam lassen Sie Ihr Chakra sich entfalten. Vielleicht hilft Ihnen dabei die Vorstellung, daß dieses Chakra von hellsichtigen Menschen als der 1000blättrige Lotos erfahren wird. Sie können also, ganz langsam zuerst, Blättchen für Blättchen einer unendlich vielblättrigen Blüte öffnen, eines nach dem anderen, bis zu einer solchen Vielzahl von Blumenblättern, daß Sie sie nicht mehr zählen können und wollen.

Der Kelch der Blume ist dann weit geöffnet. Und hier hinein strömt nun die geistige Kraft der Verwandlung. Sie brauchen gar nichts mehr zu tun als dafür offen zu sein. Gleich einem Strom von unendlich mächtiger Energie fließt es dunkelblau bis zartlila in Ihren Scheitel hinein, erfüllt Ihren Körper und Seele-Geist. Sie tauchen hinein in dieses Meer

von Dunkelblau-Zartlila,
lassen sich davon erfüllen,
lassen sich davon umhüllen und
lassen sich davon läutern.

Schließlich sind Sie nichts anderes als ein Raum, der ein dunkelblau-zartlila Strömen birgt, und der seinerseits umhüllt wird von einer lichten Hülle aus derselben Farbe. Sie beschützen und werden beschützt; Sie bergen und sind geborgen. Außen und innen ist EINS. Außen und innen ist dieselbe wundervolle harmonische Schwingung.

In dieser dunkelblau-zartlila Umhüllung gibt es keine Fragen mehr. Alles ist so, wie es ist:

vollkommen.

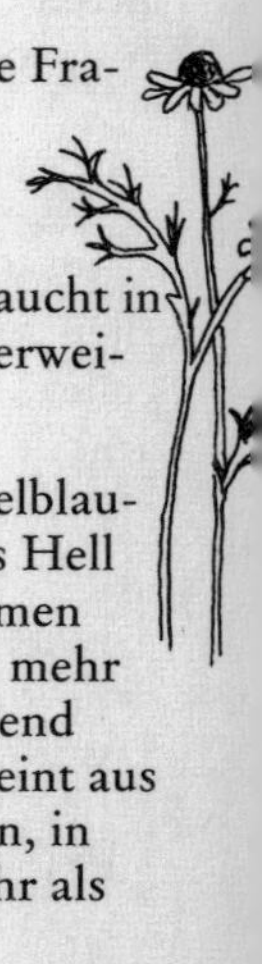

Sie spüren sich verwandelt. Sie spüren sich hineingetaucht in einen Ozean von Harmonie und Vollkommenheit. Verweilen Sie in diesem Zustand einige Zeit.

Dann lassen Sie es zu, daß langsam aus diesem dunkelblau-zartlila Lichtstrom ein unendlich weiß-schimmerndes Hell entsteht: ein Licht, das nicht von dieser Welt zu kommen scheint. Ein schneeiges Weiß kristallisiert sich immer mehr aus der blau-lila Welt heraus, schimmernd und blendend hell, wie von der Sonne angestrahlt. Dieses Licht scheint aus dem Mittelpunkt allen Lebens selbst herauszuströmen, in Sie hinein und durch Sie hindurch. Es gibt nichts mehr als dieses strahlend-schimmernde Weiß von großer Kraft und großem Leuchten. Sie spüren, daß Sie ganz und gar aus diesem Licht bestehen und es aussenden. Sie spüren, daß Sie nichts sind

als strahlend hell und rein und vollkommen.

Dann lassen Sie nach einiger Zeit zu, wie aus diesen tiefen Gefühlen heraus eine große Dankbarkeit entsteht. Lassen Sie diese Dankbarkeit sich ausbreiten in Ihnen, wie eine große Woge von Energie.

Gehen Sie dann wieder an Ihr alltägliches Werk. Versuchen Sie, dieses strahlende Hell wenigstens eine Zeitlang »hineinzuretten« in Ihren Alltag. Leuchten Sie von innen her auf alles, was Ihnen begegnet. Und seien Sie dankbar, jede Minute Ihres Da-Seins.

ÜBUNGEN FÜR KRANKE

ANMERKUNGEN
für denjenigen, der einem Kranken eine Übung vorliest

Die auf den folgenden beiden Seiten stehende Übung RUHEVOLLER FRIEDEN ist eine allgemein lösende Entspannungs- und Bewußtseinsübung, die jeder Kranke eigentlich nachvollziehen könnte. Vielleicht ist es jedoch notwendig, daß Sie, die Sie Ihren kranken Freund gut kennen, die Übung etwas nach den vorhandenen Gegebenheiten abwandeln. Tun Sie das einfach nach bestem Wissen und nach Ihren Möglichkeiten.

Es kann durchaus sein, daß Ihr Freund am Ende dieser entspannenden Übung eingeschlafen ist. Lassen Sie ihn dann ruhig weiterschlafen. Wenn Sie die Übung mit ihm zusammen ein anderes Mal wieder erarbeiten, sollten Sie jedoch wieder von vorne mit der Entspannungsübung beginnen. Sie ist zum »Einstieg« in die nachfolgende Arbeit unbedingt notwendig.

Ist Ihr Freund nicht eingeschlafen, und haben Sie ihm genügend Zeit gegeben, in seinem ruhig-friedlichen Zustand zu verweilen, dann können Sie nun die Arbeit mit ihm fortsetzen. Wählen Sie dazu eine der nachfolgenden Möglichkeiten aus, die Ihnen für Ihren Freund am besten scheint:

- WAHRES SELBST – eine mehr physische Heil-Übung
- EINS-SEIN – eine mehr psychische Heil-Übung
- WESEN DER LEBENSKRAFT – eine »Energie«-Übung
- VOLLKOMMENE HARMONIE – eine ausgleichende, mehr dämpfend-harmonisierende Übung
- GEBORGENHEIT – eine für den geistig weiterentwikkelten Menschen besonders wirkungsvolle Übung, die Hilfe aus der jenseitigen Welt bewirkt.

Lesen Sie dem Kranken die Übung vor, die Ihnen für seinen Zustand am besten geeignet erscheint. Wählen Sie jedoch nur *eine* der angegebenen Möglichkeiten, und beginnen Sie stets mit der Entspannungsübung RUHEVOLLER FRIEDEN.

Das Beste ist wohl, wenn Sie die Übungen zunächst einmal selbst für sich erarbeiten. Sie wissen dann genauer, welche Pausen Sie einzulegen haben. Und vor allem haben Sie eine Ahnung davon, wie Ihr Freund sich fühlen wird, und Sie können dann besser auf ihn eingehen und gegebenenfalls die Übung mit ihm besprechen.

RUHEVOLLER FRIEDEN
(Entspannungsübung)

Diese Übung könnte ein lieber Mensch einem kranken Freund vorlesen, wobei darauf zu achten ist, daß hinter jedem Satz eine angemessene Pause zu machen ist. Der Übende sollte die Gelegenheit haben, das in seinem Innern zu realisieren, was er hört. Nach jedem Absatz eine besonders lange Pause machen.

Schließen Sie die Augen. Versuchen Sie, Ihr Bewußtsein von der äußeren Welt abzuziehen und nach innen zu lenken. Geben Sie die Absicht des Schauens auf – blicken Sie nach innen.

Nehmen Sie nun wahr, daß Sie atmen. Versuchen Sie jedoch nicht, Ihren Atem zu beeinflussen. Lassen Sie ihn so, wie er ist. Spüren Sie, wie er kommt und geht. Sie nehmen ihn wahr, schauen ihm gleichsam zu.

Dann versuchen Sie, sich mit jedem Aus-Atem mehr und mehr loszulassen, so, als ob Sie mit jedem Aus-Atem mehr auf Ihr Bett zurücksinken würden. Und versuchen Sie, mit jedem Aus-Atem das loszulassen, was Sie an sich selbst stört und was Sie daran hindert, ganz Sie selbst zu sein.

Dann spüren Sie Ihren Kopf auf dem Kissen. Lassen Sie ihn noch mehr zurücksinken. Lassen Sie ihn noch mehr los.
Und mit ihm alle Verspannungen, die Sie vielleicht fühlen,
alle Schmerzen, die Sie haben,
alle Gedanken an Ihre Krankheit,
alle Vorstellungen,
alle Wünsche.
All das lassen Sie los, für eine Weile. Sie geben alles gleichsam an Ihr Kopfkissen ab. Und Sie spüren – je mehr Sie sich in diesem Lassen üben – wie Ihr Gesicht gelöster und weicher wird:

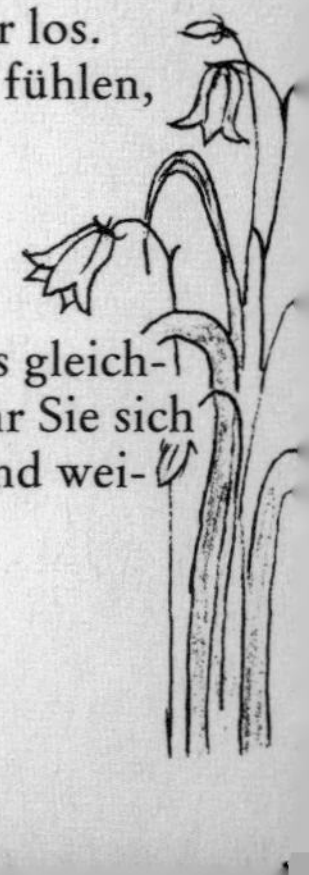

- die Stirn und die Schläfen werden ganz frei und gelöst. Gerade so, als ob Ihnen jemand Liebes darüber streicht, um Ihnen alles Unschöne wegzunehmen ...
- die Augen sind ganz entspannt. Sie spüren, wie die Lider die Augäpfel bedecken. Und es tut Ihnen gut, die Augen so beschützt zu wissen ...
- die Wangen sind ganz weich und gelöst. Alle Verspannungen fließen nach hinten ab ins Kissen hinein ...
- die Kiefer sind ganz weit und frei. So weit und frei, daß der Mund gerade noch leicht geschlossen werden kann. Sie spüren den leichten Kontakt der Lippen aufeinander ...

Auch Ihren Hals versuchen Sie loszulassen. Sie denken sich Ihre 7 Halswirbel zum Kissen hin, als ob sie in das Kissen hineinsinken könnten, um sich dort noch mehr auszuruhen. Alle Spannungen, die Sie fühlen, geben Sie ganz bewußt ab. Sie lassen sie einfach abfließen; Sie halten an gar nichts fest.

Dann lenken Sie Ihr Bewußtsein auf die Schultern und versuchen, auch sie loszulassen. Und Sie gehen ganz in die Vorstellung hinein, daß – je mehr Sie die Schultern lassen – auch die Bürde auf Ihren Schultern leichter wird, die das Leben Ihnen auferlegt hat, oder die Sie sich selbst aufgehalst haben. Lassen Sie sich los – dann wird Ihnen gleichsam die Bürde von den Schultern genommen.

Aus Ihren gelösten Schultern heraus spüren Sie auch Ihre Arme. Sie liegen weich gebettet und lassen sich immer mehr los, bis hin zu den Händen, den Fingern, den Fingerspitzen.

Nun versuchen Sie, auch den ganzen Rücken zur Unterlage hin zu spüren. Sie lassen die Wirbelsäule gleichsam zum Bett hin sinken, damit die Wirbel sich einer nach dem anderen dort ausruhen und erholen können. Auch die Breite des Rückens spüren Sie. Und Sie lassen dann den Rücken als Ganzes immer mehr los, lassen alle Verspannungen oder Schmerzen abfließen zum Bett hin. Solange, bis der ganze Rücken weich und gelöst und völlig frei auf dem Bett ruht.

Dann legen Sie Ihr Bewußtsein auf Ihr Becken. Es ist die

Mitte Ihres physischen Körpers (Hara). Sie versuchen, sich dort völlig loszulösen. Lassen Sie das Becken in seiner ganzen Breite zum Bett hin sinken. Und gehen Sie ganz in das Gefühl hinein, daß Sie »in Ihrer Mitte« sind. Kosten Sie ganz aus, was das für Sie bedeutet.

Aus dieser Mitte heraus spüren Sie nun Ihre Beine der Länge nach liegen. Gehen Sie den Oberschenkeln entlang zu den Knien, den Unterschenkeln entlang zu den Fersen und lassen dort Ihr Bewußtsein ein wenig ruhen. Spüren Sie dann noch die Fußsohlen und die 10 Zehen.

Nun liegen Sie ganz still, ganz gelöst, ganz friedlich in Ihrem Bett. Tauchen Sie tief hinein in ein wundervolles Gefühl von

RUHEVOLLEM FRIEDEN.

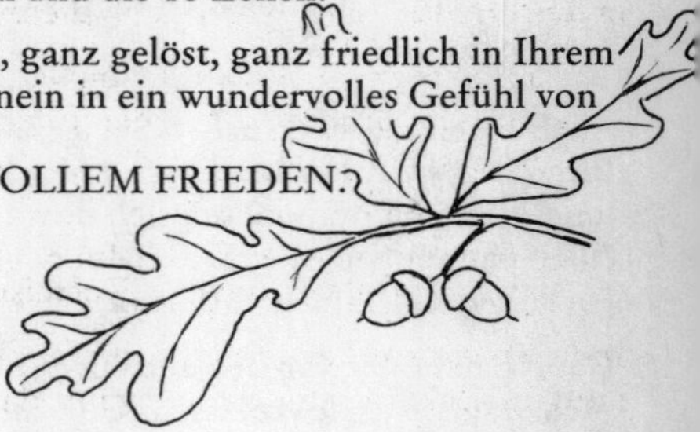

WAHRES SELBST

Nach der Entspannungsübung zu erarbeiten:

Nun nehmen Sie Beziehung auf zu Ihrem Wahren Selbst (Höheres Bewußtsein, Überbewußtsein, Höheres Selbst) und vertiefen den Gedanken in sich, daß dieses Wahre Selbst Ihre eigentliche Natur ist. Tauchen Sie ganz hinein in das Denken und Fühlen, daß dieses, Ihr Wahres Selbst

ohne irgendeine Begrenzung ist,
unerschöpflich in all seinen Energien,
allwissend,
allmächtig,
ohne Ende und unsterblich
und Teil des Göttlichen (Kosmischen).

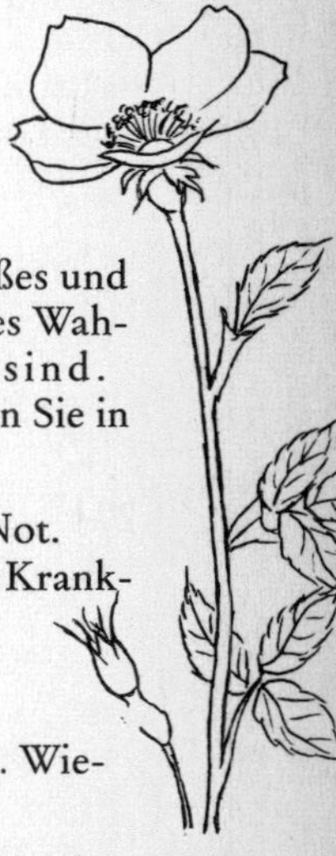

Indem Sie dies alles in sich vertiefen, kommt ein großes und inniges Glücksgefühl in Ihnen auf, daß Sie kraft Ihres Wahren Selbst all dies in sich tragen, ja daß Sie dies alles sind. Gehen Sie ganz in dieses Gefühl hinein und verweilen Sie in ihm einige Zeit.

Nun bitten Sie Ihr Wahres Selbst um Hilfe in Ihrer Not. Wie immer sie auch aussieht, was immer Sie für eine Krankheit haben, bitten Sie es

demütig und inständig,

Ihnen in Ihren Schwierigkeiten zu Hilfe zu kommen. Wiederholen Sie Ihre Bitte mehrmals.

Sie spüren dann, wie Ihr Wahres Selbst alle Energien in Ihrem Körper aktiviert und an *den* Ort in Ihrem Körper schickt, der am allermeisten der Hilfe und Heilung bedarf. Stellen Sie sich bildlich vor, wie aus Ihrem ganzen Körper ein großer starker Strom von heilender Kraft dorthin fließt. Dieser Energiestrom bringt nicht nur die Kraft für eine Heilung mit sich, sondern er schwemmt auch alles von dort weg, was der Heilung im Wege steht. Alle Verspannungen, alle Schmerzen, alle schwachen, abgestorbenen und kranken Zellen werden durch diesen heilenden Strom hinweggespült zu den Nieren und zur Leber, damit sie zu gegebener Zeit durch Urin und Stuhl aus Ihrem Körper ausgeschieden werden können. Sie sehen bildlich vor sich, wie alles Schwache und Kranke von diesem starken Lebensstrom dorthin transportiert wird. Und Sie sehen bildlich vor sich, wie die Nieren und die Leber sich voller Energie daran machen, diese Stoffe auszuscheiden.

Sie sehen nun bildlich vor sich, wie Ihr Wahres Selbst nicht nur den inneren Lebensstrom ins Fließen bringt, sondern wie es auch aus der Sie umgebenden Luft Energien Ihnen zuleitet und in Ihren Körper schickt. Sie fühlen sich dadurch an eine unerschöpfliche Quelle von Energie angeschlossen.

Gehen Sie ganz in das Spüren dieses Energiestromes hinein. Fühlen Sie einen Fluß von Großer Kraft gleichsam durch Sie hindurchfließen. Jede Zelle Ihres Körpers saugt sich buchstäblich mit dieser Energie voll. Sehen Sie das bildlich vor sich.

Vertiefen Sie das innere Wissen, daß überall, wo dieser Energiestrom hinkommt, alles gesund und heil wird. Alle Organe können sich kräftigen, so daß sie voll und ganz ihre Funktionen erfüllen können. Unaufhörlich flutet diese Große Kraft durch Sie hindurch, in Ihrem ganzen Körper, aber besonders da, wo sie gebraucht wird. Und Sie geben sich diesem heilenden Strom ganz und gar hin.

Sehen Sie sich nun vor Ihrem geistigen Auge voll geheilt. Spüren Sie, was das für Sie bedeutet. Sie sehen sich im Kreis Ihrer Familie, Ihrer Freunde und Ihrer Arbeitskollegen, und Sie sehen sich ganz und gar

heil
aktiv
voller Lebensfreude
voller Schaffenskraft . . .

Und Sie hören Ihre Freunde, Ihre Familie, Ihre Arbeitskollegen sagen, wie schön es sei, daß es Ihnen wieder so gut gehe, und daß Sie wieder bei ihnen sein können.

Ein tiefes Gefühl der Freude über diesen guten Ausgang der Dinge überkommt Sie. Lassen Sie die Freude gleichsam wie eine wundervolle Welle von Energie durch Ihren Körper und durch Ihr Gemüt laufen.

Dann danken Sie Ihrem Wahren Selbst für das Erlebnis der Wiederherstellung Ihrer körperlich-seelisch-geistigen Gesundung. Lassen Sie ein tiefes Gefühl von Dankbarkeit in Ihnen zu.

Ruhen Sie noch eine Weile still in diesem gelösten, heilen, harmonischen und freudigen Sein, ohne irgend etwas zu denken.

Einfach DA-SEIN – das genügt.

EINS-SEIN

Nach der Entspannungsübung zu erarbeiten:

Nun nehmen Sie Beziehung auf zu Ihrem Wahren Selbst (Höheres Bewußtsein, Überbewußtsein, Höheres Selbst) und vertiefen den Gedanken in sich, daß dieses Wahre Selbst Ihre *eigentliche* Natur ist. Tauchen Sie ganz hinein in das Denken und Fühlen, daß dieses, Ihr Wahres Selbst

ohne irgendeine Begrenzung ist,
unerschöpflich in all seinen Energien,
allwissend,
allmächtig,
allgütig,
ohne Ende und unsterblich
und Teil des Göttlichen (Kosmischen).

Indem Sie dies alles in sich vertiefen, kommt ein großes und inniges Glücksgefühl in Ihnen auf, daß Sie kraft Ihres Wahren Selbst all dies in sich tragen, ja daß Sie dies alles *sind*. Gehen Sie ganz in dieses Gefühl hinein und verweilen Sie in ihm einige Zeit.

Nun bitten Sie Ihr Wahres Selbst um Hilfe in Ihrer seelischen Not, in Ihrer Angst, Verzweiflung, Mutlosigkeit, Depression. Wie immer Ihre Not aussehen mag, bitten Sie es

demütig und inständig,

Ihnen zu Hilfe zu kommen. Wiederholen Sie diese Bitte mehrmals.

Sie spüren dann, wie Ihr Wahres Selbst alle Energien in Ihnen aktiviert und zu Ihrer Seele, zu Ihrem Gemüt hinschickt. Stellen Sie sich bildlich vor, wie aus Ihrem ganzen Körper ein großer starker Strom heilender Kraft in Ihre Seele, in Ihr Gemüt fließt. Dieser Energiestrom bringt nicht bloß die Kraft für eine vielleicht nur äußere oder vorübergehende Heilung, sondern er schwemmt aus der Tiefe des Wesens alles hinweg, was einer Heilung im Wege steht:

alles negative Denken
alle Zweifel
alle Ängste und alle Besorgnis
alle Schmerzen
allen Groll, den Sie gegen irgend etwas hegen.

Mit jedem Atemzug atmen Sie dies alles aus, um der neuen starken positiven Energie Platz zu machen. Verweilen Sie in diesem Bild einige Zeit.

Stellen Sie sich dann bildlich vor, wie Ihr Wahres Selbst nicht nur Ihren eigenen inneren Lebensstrom ins Fließen bringt, sondern wie es auch aus der Sie umgebenden Luft Ihnen Kraft zuleitet und in Ihren Körper, in Ihre Seele und in Ihren Geist hineinschickt. Sie fühlen sich dadurch an eine unerschöpfliche Quelle von Energie angeschlossen.

Gehen Sie ganz in das Spüren dieses Energiestromes hinein. Fühlen Sie einen Fluß von Großer Kraft gleichsam durch Sie hindurchfließen. Jede Zelle Ihres Körpers saugt sich buchstäblich mit dieser Energie voll. Jeder Aspekt Ihres Seins badet förmlich in dieser Energie. Stellen Sie sich das möglichst bildlich vor und verweilen Sie einige Zeit in diesem Bild.

Vertiefen Sie das innere Wissen, daß Sie durch diesen Energiestrom ganz und gar heil werden. Unaufhörlich flutet der Strom durch Sie hindurch und gibt Ihnen alles, was Sie brauchen.

Sehen Sie sich vor Ihrem geistigen Auge voll und ganz geheilt. Spüren Sie, was das für Sie bedeutet. Sehen Sie sich im Kreis Ihrer Familie, Ihrer Freunde und Ihrer Arbeitskollegen so geheilt vor sich:

ganz und gar positiv und lebensbejahend
voll Ruhe und Sicherheit
voller VERTRAUEN
voll Schaffenskraft und Lebensfreude
und voll von liebevollem Verstehen für alles,
was Ihnen begegnet . . .

Und Sie hören Ihre Familie, Ihre Freunde und Arbeitskollegen sagen, wie schön es sei, daß es Ihnen so gut gehe. Und wie schön es sei, daß Sie soviel Positives und Liebevolles ausstrahlen.

Ein tiefes Gefühl der Freude über diesen guten Ausgang der Dinge überkommt sie. Lassen Sie die Freude gleichsam wie eine wundervolle Welle von Energie durch Ihren Körper, durch Seele und Geist rinnen und baden Sie in dieser Freude wie in warmem Wasser.

Dann danken Sie Ihrem Wahren Selbst. Danken Sie für alles, was Sie erlebt und erfahren haben. Danken Sie, daß Sie Ihr Leben jetzt voll von ruhevoller Sicherheit, voll von Vertrauen, voll von Schaffenskraft und Lebensfreude und voll von LIEBE leben dürfen. Lassen Sie ein tiefes Gefühl von Dankbarkeit in Ihnen zu.

Ruhen Sie noch eine Weile still in diesem gelösten, harmonischen Zustand, ohne irgend etwas zu denken. Seien Sie

EINS mit sich und mit ALLEM.

WESEN DER LEBENSKRAFT

Nach der Entspannungsübung zu erarbeiten:

Sehen Sie nun bildlich vor sich, daß um Sie herum eine
Energie ist, die die Farbe

ROT

hat. Stellen Sie sich dann auf Ihre Nase ein und beginnen, diese rote Energie einzuatmen. Erfüllen Sie sich ganz damit. Spüren Sie, wie es überall dort, wo das Rot hinfließt, warm und wohlig wird.

Alle Räume in Ihrem Körper erfüllen sich mit diesem warmen roten Wohlbehagen. Es flutet durch Ihre Organe und stärkt und kräftigt sie in ihren Funktionen. Jede Zelle saugt das Rot in sich auf wie ein trockener Schwamm Wasser. Gehen Sie tief in das Gefühl hinein, daß das, was Ihre Zellen aufsaugen, ein

rotes Lebenselexier ist.

Lassen Sie jetzt dieses rote Lebenselexier durch

Ihren Kopf fluten. Es durchströmt Ihr Gehirn, fließt in die Augen, die Ohren und erfüllt schließlich den ganzen Kopf.

Dann strömt das Rot weiter in den Hals hinein. Es erfüllt den ganzen Halsraum und strömt auch hinein in die Halswirbel.

Weiter fließt es in die Schultern, die Arme, die Hände und in die Finger. In allen Gelenken, den Schulter-, den Ellbogen- und den Handgelenken bleibt es ein wenig länger stehen, bevor es weiterströmt.

Nun flutet das rote Licht in den Oberkörper hinein: durch die Wirbelsäule, durch die Rippen und zu allen Organen. Wenn es zum Herzen hinströmt, so achten Sie darauf, ob Ihnen das angenehm ist. Wenn nicht, so gehen Sie einfach weiter . . .

Schließlich fließt das rote Elexier in das Becken hinein. Sie spüren, wie eine wohlige Wärme sich dort ausbreitet und die Verdauungs- und Genitalorgane stärkt. Von dort strömt das Licht über die Hüftgelenke durch die Beine zu den Füßen. Und Sie achten wieder darauf, daß es in den Hüft-, Knie- und Fußgelenken ein wenig länger verweilt.

Sie spüren sich nun ganz und gar von rotem, wohlig-warmem Licht erfüllt. Und Sie erleben, wie alle Müdigkeit und Mattigkeit, alle Erschöpfung und Mutlosigkeit von Ihnen abfällt und durch diesen warmen, lebendigen, vitalen Strom ersetzt wird. Ein herrliches Gefühl von strömendem Leben erfüllt Sie bis in jede Pore, in jede Zelle hinein und macht Sie sehr froh und glücklich.

Schließlich ist dieser Strom von roter Energie so stark, daß Sie ihn ein wenig über Ihre Haut hinauslassen. Überall an Ihrem Körper strömt das Rot nun hinaus und umhüllt Sie gleichsam mit einem wohlig-warmen roten Mantel. Sie spüren sich innen voll von lebendiger roter Energie, und Sie spüren außen eine Schutzhülle aus Rot, ganz um Sie herum.

Gehen Sie in dieses Gefühl von

Energie innen und Energie außen

tief hinein. Lassen Sie Freude über dieses energetische Strömen in sich zu. Und vertiefen Sie den Gedanken, daß Sie jederzeit, an jedem Ort und bei jeder Gelegenheit, diese Energie wieder tanken können, wann immer Sie sie brauchen.

Sehen Sie sich nun vor Ihrem geistigen Auge als einen Menschen, der in seinem Alltag

voll ist von ENERGIE, unerschöpflich, ohne Ende.

Denn Sie haben eine einzigartige Kraftquelle entdeckt, aus der Sie jederzeit trinken können und dürfen. Und sehen Sie sich vor Ihrem geistigen Auge als einen Menschen, der aus Dankbarkeit für diese Quelle andere an dieser Energie teil-

haben läßt, indem er voll ist von liebevoller gütiger Hinwendung und tätiger Hilfe allen Wesen gegenüber.

Liegen Sie nun eine Weile still, glücklich und dankbar in diesem wundervollen Strömen. Lassen Sie es einfach geschehen.

Mögen alle Wesen glücklich sein.

(Buddh. Gruß)

VOLLKOMMENE HARMONIE

Nach der Entspannungsübung zu erarbeiten:

Sehen Sie nun bildlich vor sich, daß um Sie herum eine Energie ist, die die Farbe

BLAU

hat. Stellen Sie sich dann auf Ihre Nase ein und beginnen Sie, diese blaue Energie einzuatmen. Erfüllen Sie sich ganz damit. Spüren Sie, wie Sie sich überall dort, wo das Blau hinfließt, ganz loslassen können.

Spüren Sie, daß das Blau verbunden ist mit einer wundervollen friedlichen Harmonie. Alle Räume in Ihrem Körper erfüllen sich damit. Diese harmonische ruhevolle Gelöstheit flutet durch alle Ihre Organe und verhilft ihnen durch das Loslassen zum besseren Funktionieren. Jede Ihrer Zellen saugt das Blau gleichsam in sich auf. Gehen Sie tief in das Gefühl hinein, daß das, was Ihre Zellen aufsaugen, ein

blaues lösendes Elexier

ist, das wie Wasser durch Ihren ganzen Körper, durch Ihre Seele und durch Ihren Geist flutet. Wo es hinströmt, wird es friedlich, harmonisch, ganz weit und klar.

Dieser friedliche blaue Strom fließt nun

in Ihren Kopf
in den Hals
in die Schultern, Arme, Hände und Finger
durch den ganzen Oberkörper
in das Becken
und schließlich durch die Beine zu den Füßen.

Sie spüren sich nun ganz und gar von sanftem blauem Licht erfüllt. Und Sie erleben, wie alle Unruhe, alle emotionale Spannung und Verwirrung, alles Negative, alles Ungeduldige von Ihnen abfällt und durch diesen sanften blauen friedvollen Strom ersetzt wird. Ein wunderbares Gefühl von kraftvoller Ruhe, von friedvoller Gelöstheit erfüllt Sie bis in jede Pore, bis in jede Zelle hinein und macht Sie sehr froh und glücklich.

Schließlich ist dieser Strom von sanfter Bläue so stark, daß Sie ihn ein wenig über die Haut hinauslassen. Überall an Ihrem Körper strömt das Blau hinaus und hüllt Sie gleichsam mit einem blauen Mantel sanft und liebevoll ein. Sie spüren sich innen voll von friedvollem Blau, und Sie spüren außen eine Schutzhülle aus Blau, ganz um Sie herum.

Gehen Sie in dieses Gefühl von

Harmonie innen und Harmonie außen

tief hinein. Lassen Sie Freude über diesen Frieden in sich und um sich zu. Und vertiefen Sie den Gedanken, daß Sie jederzeit, an jedem Ort und bei jeder Gelegenheit, diesen Frieden sozusagen tanken können, wann immer Sie ihn brauchen.

Sehen Sie sich nun vor Ihrem geistigen Auge als einen Menschen, der in seinem Alltag

voll ist von ruhevoller Kraft
ganz in sich ruhend
ganz gelassen und friedvoll.

Und sehen Sie sich vor Ihrem geistigen Auge als einen Menschen, der andere an dieser ruhevollen Kraft, an dieser Gelassenheit und an diesem Frieden teilhaben läßt, indem er sich voll liebevoller Güte und tätiger Liebe anderen Wesen zuwendet.

Liegen Sie nun eine Weile still, glücklich und dankbar in diesem wundervollen friedlichen Strömen. Lassen Sie es einfach geschehen.

Mögen alle Wesen friedvoll sein.

GEBORGENHEIT

Nach der Entspannungsübung zu erarbeiten:

Lassen Sie nun vor Ihrem geistigen Auge, ungefähr 2 m von Ihnen entfernt, etwas erhöht, langsam

eine Lichtgestalt

entstehen. Eine Gestalt, die aus einer anderen, jenseitigen Welt kommt. Ich nenne diese Gestalt hier einmal Ihren Geisthelfer. Sie können sie jedoch völlig anders benennen, wenn Sie möchten (Schutzgeist, Schutzengel, Heilungsgeist, geistiges Wesen, geistiger Helfer oder wie immer) oder ihr auch einen wirklichen Namen geben (männlich oder weiblich). Es ist auch möglich, daß die Gestalt Ihnen ihren Namen selbst sagt. Wichtig ist, daß Sie unerschütterlich fest, ohne den Schatten eines Zweifels, daran glauben, daß Sie stets von diesem unsichtbaren Helfer umgeben sind, auch wenn Sie ihn in Ihrem alltäglichen Leben vielleicht nicht sehen. Er ist immer bereit, Sie zu leiten, Sie zu führen, Ihnen zu helfen.

Vertrauen Sie sich nun Ihrem Geisthelfer voll und ganz an. Schildern Sie ihm Ihre Not. Und bitten Sie ihn dann

demütig und inständig,

Ihnen seine Hilfe zu gewähren. Wiederholen Sie diese Bitte mehrmals.

Sehen Sie nun vor Ihrem geistigen Auge, wie Ihr Geisthelfer sich Ihnen langsam nähert und sich zu Ihnen hinunterbeugt. Sie sind ganz geöffnet für ihn. Eine tiefe Sehnsucht nach dieser anderen Wahren Welt, die er verkörpert, steigt in Ihnen hoch. Indem Ihr Geisthelfer sich zu Ihnen hinunterbeugt, spüren Sie sein Wohlwollen, sein Mitgefühl und seine grenzenlose Liebe zu Ihnen.

Spüren Sie jetzt, wie Ihr Geisthelfer seine Hände auf die Stelle Ihres Körpers legt, wo Sie am meisten der Hilfe bedürfen (auf Ihre Krebsgeschwulst – auf die Stelle, wo Sie Schmerzen haben – auf die Operationsnarbe – auf die Wunde – auf den Bruch – bei seelischen Nöten auf den Solarplexus oder auf die Stirn).

Nehmen Sie wahr, wie in demselben Moment, in dem Ihr Geisthelfer diese Stelle berührt, ein mächtiger Strom von heilender Energie aus seinen Händen in Ihren Körper fließt. Sie spüren, wie diese Energie zunächst an der betroffenen kranken Stelle verbleibt und sich dann strahlenförmig von dort ausbreitet, in Ihren ganzen Körper hinein.

Ein wunderbarer heilender Strom flutet ganz durch Sie hindurch. Alle Ihre Zellen baden gleichsam in diesem Heilstrom. Sie saugen ihn förmlich in sich auf. Und Ihr Herz und Gemüt nehmen diesen Strom ebenfalls in sich auf. Alles wird ruhig, sanft, harmonisch und doch voller Kraft und Energie.

Nun spüren Sie, wie Ihr Geisthelfer seine Hände etwas von Ihrem physischen Körper nimmt, in Ihre Aura hineingeht, ohne daß der Heilstrom abbricht. Ja, Sie spüren vielleicht, daß dieser Strom eher noch stärker wird. Wie Lichtbündel strömt die heilende, stark leuchtende Lebenskraft aus den Händen Ihres Geisthelfers durch Ihre Aura in Ihren physischen Körper hinein, in Seele und Geist. Sie trägt einen unaufhörlichen Strom von

RUHE, FRIEDEN, HARMONIE und grenzenloser LIEBE

in sich, der aus diesen strahlenden Händen in Sie hineinflutet. Geben Sie sich dem völlig hin. Tauchen Sie hinein in dieses Grenzenlose, Unsagbare . . .

Danken Sie dann Ihrem Geisthelfer aus tiefstem Herzen für seine Hilfe.

Sehen Sie nun vor Ihrem geistigen Auge, wie seine Lichtgestalt sich langsam, behutsam von Ihnen entfernt. Es kommt jedoch keine Traurigkeit in Ihnen auf, vielmehr das tiefe Wissen, daß ein unsichtbares geistiges Band Sie ständig mit dieser Lichtgestalt verbindet. Und Sie haben das tief innere Wissen, daß Sie Ihren geistigen Helfer überall, zu jeder Zeit, an jedem Ort um Hilfe und Führung bitten können.

Sie ruhen nun in dieser Dankbarkeit und Freude und in diesem inneren Strömen solange, wie Sie mögen.

Von guten Mächten wunderbar geborgen,
erwarten wir getrost, was kommen mag.

(Dietrich Bonhoeffer)

DANK

Es ist mir ein Herzensbedürfnis, am Ende dieses Buches zu danken.

Danken möchte ich vor allem meinem geistigen Helfer, dessen Führung und Leitung ich in jeder Minute spüren durfte und der mich zahllose Male zu Übungen inspirierte. Ich kann nicht in Worte kleiden, was ich fühle, daß es so sein konnte.

Danken möchte ich meinem Mann Anton, der nimmermüde mir half, wenn es nötig war: bei aller sonstigen Arbeit, die zu bewältigen war, oder am Manuskript. Er stellte sich und seine eigene geistige Arbeit zurück, um mir zu helfen.

Danken möchte ich auch unseren beiden Töchtern Domenica und Barbara. Der einen, daß sie in großer Hingabe mir im Haushalt half, der anderen, daß sie mit viel Liebe die Zeichnungen für dieses Buch lieferte.

Danken möchte ich auch Ihnen allen, die Sie dieses Buch lesen und mit ihm arbeiten. Ich darf Sie ein Stück auf Ihrem geistigen Weg begleiten und Ihnen helfen, tief innere Erfahrungen zu machen, die Sie zu dem EINEN hinführen. Ich wünsche Ihnen von ganzem Herzen, daß Sie Ihren ganz persönlichen WEG dorthin finden und in jeder Minute Ihres Daseins sich bewußt bleiben, daß Sie eben dort auf diesem WEG sind . . .

LITERATURNACHWEIS

»Lebenskraft – Selbstverwirklichung durch Eutonie und Zen« von A. und M.-L. Stangl, Econ Verlag, Düsseldorf und Wien, DM 29,50. (2. erweiterte Auflage)

»Das Entspannungsprogramm – Ein praktischer Wegweiser innerer Ruhe und neuer Lebenskraft« (Taschenbuchausgabe der 1. Auflage des ebengenannten Werks), Heyne-Taschenbuch Nr. 4595, Wilhelm Heyne Verlag München, DM 6,80.

»Jede Minute sinnvoll leben – Vertrauen zu sich selbst gewinnen« von M.-L. Stangl, Econ Verlag, DM 18,–.

»Heilen aus geistiger Kraft – Ein Econ-Ratgeber zur Aktivierung innerer Energien« von A. Stangl, Econ Verlag, DM 20,–.

Alle diese Bücher sind über jede Buchhandlung zu beziehen.

Tonbandkassette »Eutonie« mit wesentlichen Grundübungen von M.-L. Stangl: DM 25,– incl. Mehrwertsteuer und Porto.

Bestellung durch Einzahlung von DM 25,– auf Postscheckkonto Nürnberg 73757-850 oder Konto 117 552 Volksbank Oberzent Beerfelden (BLZ 508 614 01). Lieferung umgehend. Bitte gut leserliche Adresse!

Biomedizin – die natürliche Alternative.

Alexander, Maximilian
Zoubek, Eugen
Schmerzfrei durch Biomedizin
– Neue Naturheilmethoden –
144 Seiten, 11,5 x 18 cm
DM 6,80
ISBN 3-612-20000-3
ETB 20000

Das Buch

Akute und chronische Schmerzzustände sind das Schicksal vieler Menschen und können oft einen Lebensweg beeinflussen und prägen. Die Biomedizin bietet eine natürliche Alternative zu den herkömmlichen Schmerzmitteln. Wirksame Präparate, auf rein biologischer Basis hergestellt, helfen Schmerzen ohne schädliche Nebenwirkungen überwinden, mobilisieren Eigenkräfte und setzten einen natürlichen Heilungsprozeß in Gang. Anhand zahlreicher Praxisbeispiele zeigen die Autoren, mit welchen Mitteln der modernen Naturmedizin der Mensch Krankheiten und Schmerzen vorbeugen und sich selbst erfolgreich behandeln kann.

Die Autoren

Maximilian Alexander arbeitet seit vielen Jahren als freier Journalist und Schriftsteller. Seine Spezialgebiete sind Medizin und Naturheilkunde.
Eugen Zoubek ist Homöopath und Arzt.

Mehr Spaß am Lernen – Mehr Zeit zum Spielen.

Beyer, Günther
So lernen Schüler leichter
– Gedächtnis- und Konzentrationstraining –
128 Seiten, 50 Grafiken
11,5 x 18 cm
DM 6.80
ISBN 3-612-20001-1
ETB 20001

Das Buch

Mangelhafte Konzentrationsfähigkeit und schlechtes Gedächtnis sind oft die Ursachen für ungenügende Leistungen in der Schule. Dieses Buch schafft Abhilfe: Kinder zwischen 8 und 15 Jahren erfahren, wie sie mit einfachen Lerntechniken ihr Gedächtnis schulen und ihre Konzentrationsfähigkeit erhöhen können, um besser zu werden, Spaß am schnellen Lernen zu finden und damit mehr Zeit zum Spielen zu haben.
Übungen und Kontrolltests helfen, Können und Leistungen zu steigern.

Der Autor

Günther Beyer ist Gründer des Eltern-Schüler-Förderkreises Nordrhein-Westfalen. Er leitet ein eigenes Institut für Creatives Lernen.
Im ECON-Verlag erschienen seine Ratgeber 'Creatives Lernen', 'Gedächtnis- und Konzentrationstraining' und 'Superwissen durch Alpha-Training'.

Das Standardwerk der biologischen Küche.

Danner, Helma
Biologisch kochen und backen
– Das Rezeptbuch der natürlichen Ernährung –
288 Seiten, 30 Zeichn.
11,5 x 18 cm
DM 14,80
ISBN 3-612-20003-8
ETB 20003

Das Buch

Natürliche Ernährung ist nicht nur gesund, sondern auch wohlschmekkend, durch sie können Krankheiten geheilt, gelindert und verhindert werden: Karies, Paradontose, Erkrankung des Bewegungsapparates, Zukkerkrankheit, Leber-, Gallen-, Nierenerkrankungen, Beschwerden der Verdauungsorgane, Gefäßerkrankungen u. v. a. m. Naturbelassene Ernährung bringt dem Menschen neuen Schwung, Elastizität, Ausdauer und hohe Konzentrationsfähigkeit, sie erhält ihn gesund und schlank.
Die Rezepte in diesem Buch sind praxiserprobt.

Die Autorin

Helma Danner ist Gesundheitsberaterin. Sie beschäftigt sich seit vielen Jahren mit der wissenschaftlichen- und Laienliteratur auf dem Ernährungssektor, mit neuesten und alten Gesundheits- und Kochbüchern.

Mit autogenem Training zu innerer Harmonie.

Eberlein, Gisela
Autogenes Training mit Kindern
112 Seiten
11,5 x 18 cm
DM 6,80
ISBN 3-612-20004-6
ETB 20004

Das Buch

Viele Kinder sind nervös, aufgeregt, schlafen schlecht, sind kontaktarm, inaktiv, unkonzentriert und ängstlich. Durch autogenes Training können diese Störungen behoben werden. Autogenes Training bringt Spannung und Entspannung, fördert Aktivität und Kreativität und hilft den Kindern, selbstsicher, mutig und frei zu werden. Dies Buch zeigt, wie Kinder autogenes Training unter Anwendung von Märchen erlernen und durchführen können und wie die Autorin selbst mit Kindern autogenes Training erfolgreich ausübte.

Die Autorin

Dr. med. Gisela Eberlein lehrt in eigener Praxis, in Seminaren und Arbeitsgemeinschaften autogenes Training. Sie wurde ausgezeichnet mit dem 'Hufeland-Preis' für vorbeugende Gesundheitspflege.

Akupunktur- Heilmethode für alle.

Ewald, Hans
Akupunktur für Jeden
– Eine Anleitung in Bildern –
128 Seiten, 76 Abb.
11,5 x 18 cm
DM 6,80
ISBN 3-612-20005-4
ETB 20005
April

Das Buch

Akupunktur heilt Krankheiten, behebt Funktionsstörungen, Akupunktur ist leicht zu erlernen und bewirkt in vielen Fällen unerhoffte Heilerfolge. Anhand von rund 90 Abbildungen und Zeichnungen erläutert der Autor die Meridiane und Punkte des Körpers, beschreibt Grundsätze der Diagnostik und Therapie, gibt Anleitung für Stichtiefe, Handhaltung und Nadelarten und liefert einen Bezugsnachweis für die Nadeln.
Innerhalb kurzer Zeit kann der Laie mit diesem Buch die Selbstbehandlung mit Akupuktur erlernen.

Der Autor

Dr. med. Hans Ewald erlernte Akupunktur in Asien und wendet die Heilmethode seit Jahren erfolgreich in eigener Praxis an. Beim ECON-Verlag erschienen seine Ratgeber Akupunktur und Akupressur , 'Akupressur für Jeden .

Wasser – Medikament für Kranke – Elixier für Gesunde.

Jäger, Gerhard
Wasser wirkt Wunder
– Natürliche Heilmethoden –
160 Seiten, 26 Abb.
11,5 x 18 cm
DM 6,80
ISBN 3-612-20006-2
ETB 20006
April

Das Buch

Wasser ist eine Medizin mit ganz besonderen Eigenschaften: Es härtet den Körper ab, schützt vor Krankheiten und kann viele Krankheiten und chronische Leiden heilen oder lindern.
Der Autor zeigt, wie Wassertherapie wirkt. Wirksam sind medizinische Bäder und Duschen, Wikkel und Güsse, Packungen, heiß, kalt oder wechselwarm, Lösungen mit Kräutern und anderen Zusatzstoffen. Die Wassertherapie hilft u. a. bei Rheuma und Durchblutungsstörungen, bei Herz- und Kreislauferkrankungen, bei Verdauungsstörungen, bei Leber- und Nierenproblemen und bei Infektionskrankheiten.

Der Autor

Gerhard Jäger ist Medizin-Journalist und Schriftsteller. Er praktiziert als Heilpraktiker in eigener Praxis.

Zum Arzt – oder nicht?

Vickery, Donald
Fries, James F.
Zum Arzt – oder nicht?
– Krankheiten erkennen und das Richtige tun –
304 Seiten, 65 Abb.
11,5 x 18 cm
DM 12,80
ISBN 3-612-20007-0
ETB 20007
April

Das Buch

Wie oft ist der Mensch angesichts körperlicher Beschwerden verunsichert und sucht den Arzt auf, wie oft hätte er sich selbst behandeln können, wie oft aber geht er auch zu spät zum Arzt?
Die häufigsten Beschwerden und Erkrankungen werden in diesem Buch charakterisiert. Bauchschmerzen, Durchfall, Husten, Schnittwunden, innere Schmerzen u.v.a. Krankheiten werden anhand der auftretenden Symptome beschrieben. Die Erscheinungsbilder werden schematisch aufgezeichnet und es wird gezeigt, wann ein Arzt aufgesucht werden muß und wann der Patient sich selbst behandeln kann.

Die Autoren

Donald Vickery und James Fries sind praktische Ärzte mit jeweils eigener Praxis.

Schlank im Schlaf.

Bierach, Alfred
Schlank im Schlaf durch vertiefte Entspannung
– Die SIS-Methode –
144 Seiten, 1 Grafik
11,5 x 18 cm
DM 6,80
ISBN 3-612-20008-9
ETB 20008
Mai

Das Buch

Durch vertiefte Entspannung im Schlaf schlank werden, dies ist eine neue Methode, die all jenen zu empfehlen ist, die ohne Mühe schlank werden und endlich wieder ihr Normalgewicht erreichen wollen. Im Zustand tiefster Entspannung suggeriert der Mensch seinem Unterbewußtsein ein verändertes Ernährungsprinzip und kann so bei Bewußtsein mühelos den neuen Weg einhalten. Eine wissenschaftlich und praxiserprobte Methode, die in psychosomatischen Kliniken angewandt wird.

Der Autor

Dr. Alfred Bierach, Psychotherapeut und Naturheilkundler, ist in eigener Praxis am Bodensee tätig. Mit der SIS-Methode hat er vielen Patienten geholfen, schlank zu werden.

Porzellanmalerei — eine reizvolle und traditionsreiche Kunst.

Biesterfeld, Edda
Kleine Kunst auf weißem Gold
— Ein Kurs zum Erlernen der Porzellanmalerei —
160 Seiten, 28 Abb.
11,5 x 18 cm
DM 8,80
ISBN 3-612-20009-7
ETB 20009
Mai

Das Buch

Marco Polo brachte das erste Porzellan mit nach Europa, wo es später nacherfunden wurde. Inzwischen ist Porzellanmalerei eines der kreativsten Hobbies.
Die Autorin bietet mit diesem Buch eine Einführung in die Porzellanmalerei. Sie zeigt, zu welchem Zweck man dieses Hobby betreibt, wie man es erlernt, welche Stücke man selbst herstellen kann. Der Laie erfährt alles über Pinsel, Malöle, Materialbeschaffung, Reparaturen, Technik, Komposition. Tips, Anleitungen und Erfahrungsberichte, weiterreichende Literaturangaben und ein Lieferantenverzeichnis bieten dem Neuling eine solide Basis.

Die Autorin

Edda Biesterfeld, Leiterin einer Stadtbücherei, betreibt dieses Hobby seit über 10 Jahren und unterrichtet in Porzellanmalerei an der Volkshochschule.

Die Ängste unserer Kinder.

Eberlein, Gisela
Ängste gesunder Kinder
— Praktische Hilfe bei Lernstörungen —
160 Seiten,
11,5 x 18 cm
DM 7,80
ISBN 3-612-20010-0
ETB 20010
Mai

Das Buch

Jedes Kind kämpft mit unbewußten Ängsten, die es in irgendeiner Form hindern, zwanglos fröhlich, aktiv und spontan zu sein. Nervosität, Schlafstörungen, Kontaktschwierigkeiten, ja sogar Asthma, Stottern, Bettnässen sind Folgen dieser Ängste, die durch gezielt angewendete psychologische und pädagogische Entspannungsübungen behoben werden können. Wie, das zeigt dies Buch.

Der Autorin

Dr. med. Gisela Eberlein lehrt in eigener Praxis, in Seminaren und Arbeitsgemeinschaften autogenes Training. Besonders bei Kindern erzielte sie über psychologisch und pädagogisch fundierte Entspannungsmethoden große Erfolge.

Geistige Vorstellung malerisch ausdrücken.

Gabisch, Eva
Chinesische Malerei
— Anleitung für ein schöpferisches Hobby —
96 Seiten, 31 Abb.
11,5 x 18 cm
DM 5,80
ISBN 3-612-20011-9
ETB 20011
Mai

Das Buch

Innere Ausgeglichenheit und Harmonie sind in unserer Zeit durch Unruhe, Hektik und Unsicherheit notwendiger geworden denn je. Eine Möglichkeit zur Selbstverwirklichung bietet die Kunst der chinesichen Tuschemalerei. Die Autorin führt gründlich in das Wesen dieser Malerei ein. Sie bietet eine ausführliche Anleitung und zeigt in 30 Einzelübungen mit genauen Arbeitsvorlagen und einzeln erläuterten Arbeitsschritten, wie rasch dieses kreative Hobby erlernt werden kann. Eine Liste von Firmenanschriften vervollständigt den Band.

Die Autorin

Eva Gabisch ist Grafikerin. Sie beschäftigt sich seit Jahren mit der chinesischen Tuschemalerei und leitet eine Schule für chinesische Malerei und kreative Selbstentfaltung.

Jede dritte Frau leidet unter Orangenhaut.

Ulrich, Wolf
Zellulitis ist heilbar
— Orangenhaut vorbeugen und selbst behandeln —
128 Seiten, 51 Abb.
11,5 x 18 cm
DM 6,80
ISBN 3-612-20012-7
ETB 20012
Mai

Das Buch

Zellulitis ist heilbar! Der Autor erklärt, wie Zellulitis entsteht und schildert, wie man Zellulitis erfolgreich vorbeugen kann und sie heilt. Er entwickelte ein mehrstufiges Anti-Zellulitis-Programm, mit dem er durch Lebensführung, richtige Ernährung, Sport und Gymnastik, Massage, Medikamente und viel Geduld in zehn Wochen diese häßliche Krankheit heilen kann. 50 Bilder erläutern sein Programm und erleichtern dem Leser, es alleine durchzuführen.

Der Autor

Dr. med. Wolf Ulrich ist Facharzt für Hautkrankheiten.

Die Wechseljahre: Keine Krankheit, sondern eine Lebensstufe.

van Keep, Pieter A./
Jaszmann, Laszlo
Die Wechseljahre der Frau
144 Seiten, 5 Abb.
11,5 x 18 cm
DM 6,80
ISBN 3-612-20013-5
ETB 20013
Mai

Das Buch

Der Übergang von der fruchtbaren in die nächste Lebensperiode ist für Körper und Psyche der Frau mit einschneidenden Veränderungen verbunden. Neben den rein hormonellen Umstellungen des Körpers und Nebenerscheinungen, wie Hitzewallungen, verbunden mit akuten Schweißausbrüchen, Schildrüsenstörungen, rheumatischen Gelenkveränderungen, hat die Frau häufig mit psychischen Beschwerden, wie Depressionen und starken Schwankungen im Gefühlsleben zu kämpfen. Dies Buch zeigt, wie jede Frau diese Beschwerden erfolgreich durch die bewußte Auseinandersetzung mit dieser Lebensphase angehen kann.

Die Autoren

P. A. van Keep und L. Jaszmann, Gynäkologen, haben in diesem Buch wissenschaftlich fundierte, Erfahrungen aus der klinischen Arbeit mit Frauen im Klimakterium zusammengestellt.

Geburt und Yoga – eine sanfte Möglichkeit.

Weller, Stella
Natürliche Geburt durch Yoga
160 Seiten, 64 Abb.
11,5 x 18 cm
DM 7,80
ISBN 3-612-20014-3
ETB 20014
Mai

Das Buch

Die jahrtausendealten Yogaübungen basieren auf Bewegungsabläufen, die der Natur abgeschaut sind, sie sind sanft, rhythmisch und nicht ermüdend, sie stärken die Spannkraft der Muskulatur und des Nervensystems. Die dazugehörigen Atemübungen stützen den Kreislauf und stabilisieren das seelische Gleichgewicht.
Über 60 Übungen u. a. zur Auflockerung, Körperhaltung, Stärkung von Rükken und Bauch, zur Atmung sollen allen Frauen helfen, die Anstrengungen der Geburt entspannter zu überstehen.

Die Autorin

Stella Weller ist ausgebildete Krankenschwester und Geburtshelferin. Sie arbeitet heute als Yogalehrerin, vor allem für schwangere Frauen.

Bewußter leben und erleben.

Stangl, Marie-Luise
Jede Minute sinnvoll leben
– Vertrauen zu sich selbst gewinnen –
128 Seiten
11,5 x 18 cm
DM 5,80
ISBN 3-612-20015-1
ETB 20015
Mai

Das Buch

Eine der besten Kennerinnen der alten chinesisch-japanischen Weisheiten des Zen-Buddhismus verhilft dem Leser – von der Hausfrau bis hin zum Topmanager – zu einem neuen Verständnis seiner selbst. Sie beschreibt, wie man durch Bewußtwerdung ganz alltäglicher Tätigkeiten und Verrichtungen – wie Gehen, Stehen, Laufen, Essen, Arbeiten – sein Leben und seine Persönlichkeit eindringlicher und bejahender erlebt und erfaßt, wie man sich von Angst, Zerrissenheit, Selbstentfremdung und aus innerer Einsamkeit löst und dadurch neue Lebenskraft schöpft.

Die Autorin

Marie-Luise Stangl leitet im Odenwald, zusammen mit ihrem Mann Dr. Anton Stangl, seit vielen Jahren Seminare zur Persönlichkeitsbildung durch Entspannungstechniken.

Schnäpse und Liköre – Auch ein Stück Gesundheit?

Buss, Katharina
Leib- und Magenelixiere
– Selbstgemachte Liköre und Schnäpse –
Originalausgabe
144 Seite, 34 Abb.
11,5 x 18 cm
DM 8,80
ISBN 3-612-20018-6
ETB 20018
Juli

Das Buch

Äbte, Padres und Nonnen durften keinen Alkohol zu sich nehmen, und doch haben sie die besten Rezepte für die Zubereitung von Kräuterlikören und Schnäpsen zusammengestellt.
Viele der alten Klostertränke sind hier in etwa 200 Rezepten aufgenommen. Für jeden Geschmack und für die Gesundheit obendrein ist etwas dabei.
Eine Tabelle über die Reifezeiten von Früchten und Kräutern erleichtern die jährliche Planung der eigenen Herstellung.

Die Autorin

Katharina Buss ist Lebensmitteljournalistin, sie schreibt u. a. für den 'Feinschmecker'. Die Rezepte hat sie selbst ausprobiert.

Akupressur — Hilfe durch Fingerdruck.

Ewald, Hans
Akupressur für jeden
112 Seiten, 92 Abb.
11,5 x 18 cm
DM 6,80
ISBN 3-612-20020-8
ETB 20020
Juli

Das Buch

Akupressur ist keine Geheimwissenschaft, sondern für jeden zugänglich und anwendbar. Akupressur ist einfach, sicher und völlig schmerzfrei in der Anwendung. Akupressur benötigt keine Nadeln, sondern heilt mit Fingerdruck von Daumen und Zeigefinger.
Anhand von 91 Bildern wird erläutert an welchen Körperstellen und bei welchen Leiden Akupressur einsetzbar ist.

Der Autor

Dr. med. Hans Ewald lernte Akupressur in Asien kennen und wendet es seit Jahren erfolgreich in eigener Praxis an.

Rheuma: Die Geißel Nummer 1!

Alexander, Maximilian
Rheuma ist heilbar
— Neueste Naturheilmethoden —
144 Seiten
11,5 x 18 cm
DM 7,80
ISBN 3-612-20017-8
ETB 20017
Juli

Das Buch

Mindestens vier Prozent der Menschheit ist an Rheuma erkrankt. Die herkömmliche Medizin hat diese Krankheit mit ihren verheerenden Folgen für Patient, Staat und Volkswirtschaft nicht in den Griff bekommen können.
In diesem Buch werden hochwirksame Naturheilmethoden gegen den gesamten Rheumakomplex dargestellt. Bei konsequenter Anwendung kann mit Naturheilmitteln dieses Leiden gelindert werden, eine neue Hoffnung besteht zurecht.

Der Autor

Maximilian Alexander arbeitet seit vielen Jahren als Medizin-Journalist.

Der Weg zum inneren Reich.

Müller-Elmau, Bernhard
Kräfte aus der Stille
— Die transzendentale Meditation —
160 Seiten
11,5 x 18 cm
DM 7,80
ISBN 3-612-20021-6
ETB 20021
Juli

Das Buch

Ohne Bewußtsein könnten wir nichts von unserem Dasein als Mensch wissen. Transzendentale Meditation führt den Menschen wieder in die Bereiche des Seelisch-Geistigen zurück und erschließt ihm sein inneres Reich und ein Bewußtsein, in dem Liebe, Glück und Würde ihren angestammten Platz einnehmen können.

Der Autor

Bernhard Müller-Elmau leitet Schloß Elmau am Wetterstein, das sein Vater als Stätte geistiger Erholung geschaffen hat. Er beschäftigt sich seit vielen Jahren mit Transzendentaler Meditation. Während eines Studienaufenthaltes in Indien traf er Maharishi Mahesh Yogi, der dies erste deutsche Buch über Transzendentale Meditation gut geheißen hat.

Wir sind alle auf demselben Weg.

Stangl, Marie-Luise
Die Welt der Chakren
— Praktische Übungen zur Seins-Erfahrung —
Originalausgabe
80 Seite, 70 Abb.
11,5 x 18 cm
DM 5,80
ISBN 3-612-20022-4
ETB 20022
Juli

Das Buch

Die Lehre von den Chakren — eine indische Lehre — handelt von den menschlichen Kraftzentren, den Zentren, in denen der Mensch die Schwingungen seiner Lebensenergie oder Lebenskraft aus dem Kosmos, der unmerklichen Quelle seines Seins aufnimmt. Dieses Buch soll dem Leser helfen, bewußter zu leben, sein Denken und Fühlen im Hier und Jetzt zu zentrieren, sich zu entspannen, Zuversicht, Vertrauen, Frieden und Liebe zu finden.

Die Autorin

Marie-Luise Stangl ist Entspannungspädagogin. Sie leitet seit vielen Jahren, zusammen mit ihrem Mann Dr. Anton Stangl, Seminare zur Selbsterfahrung und Selbstverwirklichung durch Eutonie und Zen.